सत्यनारायण

सत्य का आचरण

पीयूष अग्रवाल 'अज्ञानीजी'

यह प्रकाशित होने वाली मेरी पहली रचना है।

इसे मैं आदर सहित

अपनी अम्मा जी, श्रीमती कुसुम लता अग्रवाल

और

अपने बाबू जी, श्री हरी राज शरण अग्रवाल

को

समर्पित करता हूँ,

जिनके आशीर्वाद से ही मैं

उनके द्वारा बचपन से दी गई सत्य की शिक्षा

और मेरे मन में दशकों से चलती उसकी अनवरत विवेचना को

इस पुस्तक में संकलित कर पाया हूँ।

क्रम-सूची

लेखक परिचय

पीयूष अग्रवाल का मानना है कि ज्ञान अथाह है। इसको ग्रहण करने की कोई सीमा नहीं है और इसके लिए एक जीवन भी अपूर्ण है। अतः व्यक्ति हर समय किसी न किसी से, कुछ न कुछ सीखता ही रहता है। यही कारण है कि लेखन कार्य के लिए उन्होंने 'अज्ञानीजी' उपनाम का चयन किया क्योंकि वह अभी भी जीवन द्वारा सिखाए गए पाठों और अनुभवों से इतर अपने को एक अज्ञानी ही मानते हैं।

वह बरेली, उत्तर प्रदेश, भारत के एक सामान्य मध्यमवर्गीय परिवार से संबंधित हैं। परिवार से मिले संस्कार उनके लिए अति महत्वपूर्ण रहे हैं। उनके मन में अवलोकन और विवेचन के बीज बचपन से ही विद्यमान थे। परिस्थितियों ने, या कदाचित् उनकी इसी आदत ने, उन्हें समय से पहले ही परिपक्व बना दिया था। जिसके चलते हर बात का आंतरिक और गहरा विश्लेषण करना उनकी प्रवृति बन गई। यही उनके लिए वरदान भी रही और उनके लेखन की प्रेरणा भी। पेशे से वह नौकरीपेशा रहे। बैंक तथा बीमा व्यवसाय में लगभग 36 वर्ष विभिन्न पदों पर रहते हुए बिताए। इस बीच लेखन कार्य उनके लिए मनोविनोद का एक स्रोत रहा। उन्होंने पद से त्यागपत्र दे समय से चार वर्ष पूर्व ही अवकाश ले लिया, जिसमें एक छिपा उद्देश्य अपने अनुभवों को कलमबद्ध करना और साझा करना का भी है।

छात्र जीवन में ही उनमें लेखन के प्रति रुचि जाग गई थी और उस समय उन्होंने खेलों पर कुछ लेख लिखे थे, जिन्हें स्थानीय और राष्ट्रीय स्तर के समाचार पत्रों और पत्रिकाओं में स्थान मिला था। आजीविका में व्यस्तता के बीच भी उनके लेखों को कार्यालयीन और व्यावसायिक पत्रिकाओं में स्थान मिलता रहा। उन्होंने कभी भी एक विधा या विषय में स्वयं को सीमित नहीं किया। उनके लेख, कथाएं और कविताएं उनके अपने अनुभवों और संवेदनाओं पर आधारित रहे, जिसमें उन्होंने जो सही समझा, जो उनके मस्तिष्क ने विवेचित किया वही संकलित किया।

उन्होंने अपना पूरा अध्ययन हिन्दी माध्यम से प्राप्त किया और अच्छी पेशेवर प्रगति तथा सम्मान हासिल किया। वह हिन्दी भाषा के सम्मान के लिए कुछ करना चाहते हैं। अवकाश प्राप्ति के बाद उन्होंने एक यूट्यूब चैनल (www.youtube.com/c/funshala) और एक वेबसाईट (www.funshala.co.in) भी प्रारंभ की, जो अभी प्रारम्भिक अवस्था में हैं।

बचपन की एक घटना ने उनके भीतर सत्य के बीज बो दिए थे। कालांतर में सत्य ने उनके विचार और व्यवहार में एक विशेष और सर्वोपरि स्थान ग्रहण कर लिया और उन्होंने इसका भरसक पालन भी किया। शायद यह सत्य की विवेचना उनके अवचेतन मन में अनवरत चलती रही और आज इस पुस्तक के रूप में आपके समक्ष प्रस्तुत है।

--- *** ---

भूमिका

बचपन से अपने घर में, संबंधियों और मित्रों के यहाँ श्री सत्यनारायण के पूजन और कथा में सम्मिलित होता आया हूँ। अपने समाज में त्योहारों और सामाजिक उत्सवों के बाद सबसे अधिक प्रचलित पूजन मैंने यही देखा है। इसकी कथा ने मुझे सदैव ही मुग्ध किया, एक अनोखी शांति प्रदान की। सोचने और विवेचन करने के लिए अनेक प्रसंग और विषय दिए। यह कैसे संभव है कि मात्र इस कथा को सुनने या श्री सत्यनारायण का पूजन करने से काम बन जाएं या फिर उनकी तनिक सी अवहेलना से काम बिगड़ जाएँ। हमेशा ऐसा महसूस किया कि जितनी कथा हम प्रकट में सुनते हैं, उससे कहीं ज्यादा सार पार्श्व में छिपा हुआ है।

एक और बात थी जो मुझे हमेशा रुष्ट करती थी, मोहित भी करती थी और साथ ही साथ गहरी विवेचना करने के लिए प्रेरित भी करती थी। श्रोतागणों में कम ही लोग सच्चे मन और श्रद्धा से कथा में उपस्थित प्रतीत होते थे। उनके आपस में अपने वार्तालाप और फुसफुसाहट चालू रहती थी। इस पर बरेली के हमारे पुरोहित 'लल्लू महाराज जी' कथा के बीच में एक व्याख्या अवश्य ही करते थे। उनके अनुसार, 'यहाँ तीन तरह के प्राणी उपस्थित हैं, श्रोता, स्रोता और सरौता। श्रोता, जो ध्यान से बैठ का कथा का श्रवण कर रहे है। स्रोता, जो कथा का केवल श्रवण ही नहीं कर रहे उसको अपने अंतर में ले जाकर, विवेचना भी कर रहे हैं और सत्य को जागृत करने का प्रयास कर उसके स्रोत बन रहे है। और तीसरे सरौता, जो उपस्थित तो यहाँ हैं किंतु उनका मन कहीं और है। जो आपस के वार्तालाप में लिप्त हो सरौते की तरह कचर-कचर बातें और इसकी-उसकी बुराई कर रहे हैं।' यह सुनकर मुझे हँसी भी आती थी और शांत मन से एकाग्रचित बैठने की इच्छा भी जागृत होती थी।

सारी दुनियादारी, व्यवसाय और जीवन के उतार-चढ़ाव में यह विवेचना मस्तिष्क के किसी अनजान कोने में अनवरत चलती रही, ऐसा आज प्रतीत होता है। पिछले कुछ वर्षों से मन में यह विचार रहा कि जो कुछ विवेचन किया है, वह आपके समक्ष रखा जाए। इसी प्रयास में यह

उपन्यास प्रस्तुत है।

मैं भाग्यशाली रहा हूँ क्योंकि जीवन के हर मोड़ और कदम पर मुझे अपने संबंधियों, मित्रों और सहकर्मियों से भरपूर सहयोग और प्रेम के साथ-साथ लेखन के लिए प्रशंसा, प्रोत्साहन और प्रेरणा मिलती रही है। मैं उन सभी का हृदय से धन्यवाद करता हूँ। उन सबका भी जिनके साथ जाने-अनजाने किए गए विचार-विमर्श ने मेरे अपने सत्य को परिभाषित करने मे मुझे सहायता की है, जिसकी प्रेरणा ने इस पुस्तक के मूर्त रूप प्राप्त करने में अत्यधिक सहायता की है।

मैं पत्नी, श्रीमती रेणु अग्रवाल, जिन्होंने समय-समय पर मेरे लेखन, मुख्यतः भाषा, शब्द चयन और वाक्य विन्यास को संपादित, संवर्धित और परिष्कृत करने में सहयोग किया और श्री कौशल के. मिश्रा, जो कार्यालय में मेरे वरिष्ठ अधिकारी रहे और कार्यालयीन व्यस्तता के बीच लेखन जारी रखने के लिए मेरे मुख्य प्रेरणा स्रोत भी, को विशेष धन्यवाद के साथ उद्धृत करना चाहता हूँ।

यहाँ यह कहना उचित होगा कि इस पुस्तक को धर्म से जोड़ कर ना देखा जाए। यह केवल एक परिकल्पना है, काल्पनिक व्याख्या है, मेरे अपने व्यक्तिगत विचार है। यह न तो आवश्यक है और न ही वांछित, कि मेरे विचार सभी की विचारधारा से मेल खाएं। सबके अपने विचार होंगें और विचारों के पार्श्व में उनकी अपनी व्याख्या और तर्क होंगे। मेरा मानना है, कि सभी व्याख्याएं और तर्क सही और उचित होते हैं। हम किसी भी एक व्यक्ति के विचारों और तर्कों को शाश्वत सत्य की संज्ञा तो नहीं ही दे सकते हैं। वह भी तब जब यह पुस्तक ही शाश्वत सत्य को विवेचित और परिभाषित करने का एक प्रयास है।

अतः इसको विशुद्ध साहित्य मान कर पठन कीजिए। अपने विचारों और अपनी व्याख्या से यदि आप अवगत कराएंगे तो मुझे प्रसन्नता होगी। मेरी ईमेल आईडी नीचे दी गई है।

पीयूष अग्रवाल

Funshala.co.in@gmail.com

मुंबई, भारत : 16 फरवरी 2022

1

नैमिषारण्य

एक बार परम ज्ञानी शौनक ऋषि ने अपने अनुयायियों के साथ एक वृहद, दीर्घकालीन यज्ञ और आराधना आयोजित करने का निश्चय किया। उन्होंने विचार किया कि ऐसा कौन सा स्थान होगा, जहाँ ऋषियों का विशाल समूह एक लम्बी अवधि के लिए निर्विघ्न आराधना, साधना, यज्ञ और मनन कर सके। जहाँ एकांत हो, सुरक्षा हो और वह स्थान सांसारिक मोह-माया से दूर हो। जिससे वे निष्कंटक निरंतर यज्ञ में रत रह सकें। उन्हें कलियुग की माया उद्विग्न करने में सक्षम न हो और वे अपना चित स्थिर रख सकें। इसके लिए उन्होंने श्री ब्रह्मा जी से मार्ग दर्शन प्राप्त करने का विचार कर ब्रह्मलोक का रूख किया।

ऋषि की दुविधा जान कर ब्रह्मा जी ने उन्हें एक घूमता हुआ चक्र प्रदान किया और आदेश किया, कि आप इस घूमते चक्र को लेकर भूलोक में विचरण कीजिए। जिस स्थान पर यह चक्र स्थिर हो जाए, वही आपके यज्ञ और साधना के लिए उचित स्थान होगा। ऋषियों में परम ऋषि शौनक जी की अगुवाई में, ऋषिगण स्थान-स्थान जंगल-जंगल भटकने लगे। नगर क्षेत्र गृहस्थ व्यवस्था के लिए बनाए जाते हैं और सामाजिक व्यवस्था तथा नियमों के अधीन उनका संचालन और व्यवहार होता है, जबकि अरण्य क्षेत्र प्राकृतिक होते हैं और प्रकृति के नियमों से संचालित होते हैं। इसीलिए रहवासी क्षेत्रों से दूर वन प्रदेश आत्मिक, आध्यात्मिक, तर्कशील और बौद्धिक कार्यों के लिए उपयुक्त माने गए हैं, क्योंकि यह

भौतिकतावादी वस्तुओं और सांसारिक लोभों से दूर मनुष्य को नियमों, परिपाटी और सीमाओं से परे वृहद चित्र और उद्देश्य दिखाने और उसके बारे में मनन करने में सहायक होते हैं।

धीरे-धीरे शौनक जी के साथ विभिन्न ऋषिगण सम्मिलित होते गए और ऋषियों की यह संख्या बढ़कर 88 सहस्त्र तक पहुँच गई। भारत खंड के उत्तर में गोमती नदी के किनारे एक स्थान पर पहुँचकर वह चक्र स्थिर ही नहीं हुआ, अपितु उसकी नेमि (परिधि या फल) अपने आप गिर कर धरा में समा गई। अतः इस क्षेत्र का नाम 'नैमिषारण्य' पड़ा। जहाँ नेमि धरती में समाई, वहाँ एक कुंड बन गया, जिसे चक्रतीर्थ के नाम से जाना गया।

नैमिषारण्य, उत्तर भारत का एक क्षेत्र, कभी गहन जंगल था। प्राचीन वैदिक और पौराणिक साहित्य में इस स्थान के महत्व का विस्तार से वर्णन हुआ है, जो यह इंगित करता है कि ऋषियों, मुनियों, संतों, महात्माओं और तपस्वियों को यह क्षेत्र अत्यधिक प्रिय बन गया था। जैसा इतिहास में होता है, इस क्षेत्र ने भी उतार-चढ़ाव, अच्छा-बुरा समय देखा है और यह बहुत सी कथा-कहानियों को सुनाने और सुनने का साक्षी रहा है।

यदि हम नाम का विस्तार यानी कि संधि विच्छेद करें तो पाएंगे, 'निमिष' + 'अरण्य'। 'निमिष', पलक झपकने मात्र का समय, माप की एक अति सूक्ष्म इकाई और 'अरण्य' माने वन। तात्पर्य यह कि वह स्थान, जहाँ पर मन की चंचलता निमिष मात्र रह जाए, चित स्थिर हो जाए। स्वयं में अहं शून्य हो जाए। मोह और माया मिट जाए। मन तप में लीन और साधना में रम जाए अर्थात 'नैमिषारण्य'! जब ऐसा होगा तभी मनुष्य ब्रह्मांड, सृष्टि, ऊर्जा, तत्व, योनिचक्र और मानव जीवन के उद्देश्य यानी परमात्मा से एकाकार हो विशुद्ध ज्ञान और वैराग्य के अन्वेषण में लग पाएगा।

नैमिषारण्य नाम के प्रादुर्भाव के विषय में प्राचीन साहित्य में विविध कथाओं के माध्यम से, अलग-अलग कारण दिए गए हैं। हालाँकि उनमें एक बात की समानता है, कि इस स्थान पर चक्र की नेमि अर्थात चक्र की परिधि का बाह्य भाग गिरा था, जिसकी वजह से यह स्थान

नैमिषारण्य कहलाया। वैसे एक स्थानीय अनुश्रुति यह भी बताती है कि यहाँ बहुतायत में पाए जाने वाले एक फल, 'निमिष' के कारण इसका नाम नैमिषारण्य पड़ा।

एक पुरातन कथा के अनुसार यह स्थान शमिक ऋषि के एक मुख्य शिष्य गौरमुख की साधना का स्थान था। एक बार महान राजा दुर्जय सेना सहित वन में विचरण कर रहे थे जिसमें उन्हें समय अधिक लग गया और रात्रि का आगमन होने लगा। वह रात्रि विश्राम के लिए कोई आश्रय खोजने लगे। और इसी प्रक्रिया में सेना सहित गौरमुख के आश्रम में आ गए। ऋषि ने ईश्वर से प्राप्त चिंतामणि की सहायता से उन सभी का यथानुसार स्वागत सत्कार किया। चिंतामणि, सोचने मात्र से ही सब कार्य और इच्छाओं की पूर्ति कर देने वाली मणि थी। अगले दिन सुबह वापसी में राजा का मन मणि प्राप्त करने के लिए डोल गया। ऋषि ने मणि देने से मना कर दिया कि राजन ईश्वर प्रदत्त यह मणि स्वार्थसिद्धि के लिए नहीं है। राजा ने मणि प्राप्ति के लिए सेना को आदेश दिया। सेना ने आक्रमण कर बलपूर्वक मणि लेनी चाही। किंतु ऋषि गौरमुख ने मणि की सहायता से ही दैवीय सेना का निर्माण कर बचाव किया और राजा की सम्पूर्ण सेना मृत्यु को प्राप्त हुई। तब राजा ने मणि को अभिगृहीत करने के उद्देश्य से मंत्रियों सहित स्वयं आश्रम में प्रवेश किया। राजा के विरुद्ध युद्ध करना उचित न जान गौरमुख ने परमात्मा का आह्वान किया। इस पर विष्णु जी ने अपने चक्र से पलक झपकते ही आततायियों का विनाश कर दिया। पलक झपकने का समय यानी निमिष। इसलिए इस स्थान को नैमिषारण्य कहा गया। कुछ मत इस प्रकार भी हैं कि असुरी प्रकृति के राजा और सेना के संहार के लिए, ब्रह्मा जी ने चक्र छोड़ा था जिसने राजा और सेना का विनाश कर, इसी स्थान पर विश्राम किया था।

--- *** ---

2

निमिष

पलक झपकने का समय यथा 'निमिष'। इस शब्द की उत्पत्ति के पीछे भी एक कहानी का वर्णन साहित्य में मिलता है। ऐसा प्रतीत होता है कि किसी समय में मनुष्य की आँखों के ऊपर पलक नाम का अंग नहीं हुआ करता था और यह इसी कथा में बताई गयी घटना के बाद अस्तित्व में आयी। चूँकि इस घटना के नायक राजा निमि थे, इसीलिए पलक का एक नाम 'निमि' माना गया। हमारी पलक कब झपकती है और कब खुल जाती है, हमें सामान्यतः इस बात का पता चलना तो दूर अहसास तक नहीं हो पाता है। हमारी आँखों के माध्यम से बने और मस्तिष्क को प्रेषित चित्र या चलचित्र में हमें जरा सी भी रुकावट या व्यवधान का पता ही नहीं चलता। यही कारण रहा होगा कि पलक झपकने की अवधि को सबसे निम्न या छोटी इकाई जाना गया और पलक यानी निमि से ही इसे 'निमिष' मात्र का समय कहा गया।

कथा कुछ इस प्रकार से है-

राजा निमि एक प्रतापी राजा थे। वे मनु के पौत्र और इक्ष्वाकु के पुत्र थे। वे मिथिला के संस्थापक और सर्वप्रथम राजा थे। वे प्रजा का ख्याल रखने वाले एक धर्मात्मा थे। एक बार अकाल और अनावृष्टि से राज्य की प्रजा के ऊपर घनघोर संकट आ गया। प्राकृतिक आपदाओं के दुष्प्रभाव से जनता का उद्धार करने के लिए राजा निमि ने यज्ञ संपादित करने का कार्यक्रम निश्चित किया। राजा निमि ने इस कार्य को सम्पन्न कराने

के लिए अपने कुलगुरु, मुनिश्रेष्ठ वशिष्ठ जी को आमंत्रित किया। साथ ही उन्होंने बहुत से अन्य राजाओं तथा मुनियों, साधुओं, महात्माओं को भी निमंत्रण भेजा। मुनियों में विशेष स्थान प्राप्त ऋषि गौतम, अत्रि, अंगिरा, भृगु, पुलत्स्य, कृत इत्यादि भी इस निमंत्रण में शामिल थे।

यहाँ एक समस्या उत्पन्न हो गयी। ऋषि वशिष्ठ को देवराज इंद्र पहले ही अपने यहाँ यज्ञ करने के लिए निमंत्रित कर चुके थे। अतः उन्होंने राजा से तनिक प्रतीक्षा करने को कहा। वह शीघ्रातिशीघ्र इंद्र के यहाँ यज्ञ सम्पन्न कराकर सीधे उनके यहाँ पहुँचने का वचन देकर प्रस्थान कर गए। राजा चिंतित हो गए क्योंकि अन्य गणमान्य व्यक्तियों को निमंत्रित किया जा चुका था और उनका आगमन प्रारम्भ हो चुका था। तथापि उन्होंने अपने कुलगुरु होने के नाते ऋषि वशिष्ठ की राह देखना उचित समझा। किंतु दूसरी तरफ देवर्षि इंद्र के यहाँ यज्ञ कुछ अधिक लंबी अवधि तक चल गया और राजा निमि को दिए वचन को ऋषि वशिष्ठ थोड़ा विस्मृत कर गए।

दूसरी तरफ राजा को प्रजा के कष्टों का भी विचार था जिससे वह व्यग्र हो रहे थे। वह यज्ञ जल्दी सम्पन्न कराना चाहते थे तथा और प्रतीक्षा करने की स्थिति में नहीं थे। अतः राजा ने ऋषि गौतम से आचार्य पद ग्रहण कर यज्ञ करवाने का आग्रह किया। ऋषि गौतम ने उनकी याचना स्वीकार कर पूजा अर्चना का शुभारम्भ कर दिया।

ब्राह्मणों का समूह त्वरित ही यज्ञ में तत्परता से जुट गया। उधर इंद्र के यहाँ यज्ञ सम्पन्न होने के बाद ऋषि वशिष्ठ को राजा निमि का निमंत्रण याद आया। इसमें यद्यपि बहुत विलम्ब हो चुका था, तथापि उन्होंने सीधे ही निमि के यहाँ का मार्ग लिया और तत्काल उनके यहाँ पहुँच गए। वहाँ उन्होंने देखा कि यज्ञ प्रारंभ हो चुका है और आचार्य की गद्दी पर गौतम जी विराजमान हैं। इसे उन्होंने अपना अपमान समझा कि मुझे निमंत्रण दे कर किसी अन्य को आचार्य पद दे दिया गया। उन्हें राजा निमि के उतावलेपन पर अत्यधिक क्रोध आ गया।

क्रोध तो किसी भी रूप में हो, हानि का ही कारण बनता है। इसी क्रोधवश विचार शून्य की सी स्थिति में वह राजा को श्राप दे बैठे, 'तुमने मुझे आचार्य पद का निमंत्रण देकर किसी और को उसपर आसन्न

कराया, अतः तुम्हारे लिए यह शरीर या देह व्यर्थ है। तुम तत्क्षण ही बिना देह वाले यथा विदेह हो जाओ!'

परमज्ञानी ऋषि वशिष्ठ जी के ऐसे बोल सुनकर राजा निमि को भी क्रोध आ गया। क्रोध में बुद्धि क्षीण हो जाती है। उनके मुँह से निकल गया, 'आप स्वयं देवराज से अधिक दक्षिणा मिलने के लोभवश मेरा निमंत्रण ठुकरा बैठे। मेरे कुलगुरु होते हुए भी आपने प्रजा के कष्टों का विचार नहीं किया। मैंने आचार्य पद के लिए किसी और से आग्रह उचित समय तक प्रतीक्षा के उपरांत और प्रजा हित के उद्देश्य से लिया था न कि किसी व्यक्तिगत स्वार्थ की प्रेरणा से। इसलिए आपका मुझे श्राप देना अनुचित है। आप भी अज्ञान और अभिमान में होने के कारण, इस देह के अधिकारी नहीं हैं। अतः आप भी इसी समय विदेह स्थिति को प्राप्त हों।'

चूँकि राजा निमि न केवल स्वयं धर्मात्मा थे बल्कि उस समय यज्ञ में दीक्षित थे, अतः उनके श्राप का भी असर हुआ। तत्क्षण ही निमि और वशिष्ठ दोनों ही विदेह हो गए। क्योंकि यज्ञ प्रगति पर था, वहाँ उपस्थित ज्ञानियों ने राजा निमि के प्राणों को मंत्रबल से सुरक्षित किया और यज्ञ पूर्ण कराया। यज्ञ सम्पूर्ण होने के समय, सभी देवता अपनी आहुति ग्रहण करने पधारे। इधर राजा निमि ने अशरीर होते हुए भी विधिवत सबको उचित सम्मान दिया और स्तुति की। देवताओं ने प्रसन्न होकर उनसे वर माँगने को कहा। उन्होंने कहा कि यज्ञ के फलस्वरूप वह राजा को मनुष्य या देवता, किसी का भी शरीर प्रदान कर सकते हैं।

किंतु धर्मात्मा निमि ने अपने कुलगुरु को दिए गए श्राप के लिए पश्चाताप प्रकट करते हुए कहा, 'हे देवताओं, आपके प्रस्ताव के लिए मेरा आभार। मैंने अपनी देह जाने के भयवश अपने ही कुलगुरु को अपशब्द कहे और श्राप दिया, इसलिए देह में मेरी अब कोई रुचि शेष नहीं रहती। आप प्रसन्न हैं तो मुझे वरदान दीजिए कि मैं अपनी प्रजा और लोगों की आँखों में निवास करता हुआ, अशरीर होने पर भी उनके सुख-दुःख का सहभागी रहूँ।'

तब से राजा निमि 'पलक' बनकर मनुष्य की देह के साथ हैं और पलक झपकने का समय 'निमिष' कहलाता है।

एक निमिष को वर्तमान समय गणना के एक सेकंड के लगभग ग्यारहवें हिस्से के बराबर माना जाता है अर्थात लगभग 89 मिलीसेकंड। हालांकि वैदिक समय गणना में इससे छोटी समय इकाइयों का प्रयोग भी होता है किंतु आम भाषा में पलक झपकना सबसे छोटी इकाई के रूप में प्रचलित है।

--- *** ---

3

रोमहर्षण जी

नैमिषारण्य नामक स्थान का उल्लेख सनातन साहित्य में अधिकता में मिलता है। इसे एक अति पवित्र स्थान का श्रेय प्राप्त है। शौनकादि ऋषियों ने ब्रह्मा जी का आदेश मानकर और स्वतः भी इस क्षेत्र को निर्जन और उपयुक्त जानकर, अपना आश्रम स्थापित किया और यज्ञ इत्यादि पूजा पाठ में रम गए। अब एक और समस्या उत्पन्न हुई। जब यज्ञ ना हो रहा हो उस समय ऋषि क्या करें ? अपने खाली समय का सदुपयोग वे कैसे करें? अतः उन्होंने श्री वेद व्यास जी के मुख्य शिष्य श्री रोमहर्षण जी से चर्चा की।

रोमहर्षण जी को सूत पुत्र कहा गया है, जिसका अर्थ होता है कि क्षत्रिय और ब्राह्मण के योग से उत्पन्न। इनको अयोनिक भी कहा जाता है, क्योंकि मान्यता के अनुसार एक बार राजा पृथु द्वारा कराए जाने वाले हवन को करते समय ब्राह्मणों की त्रुटि से बृहस्पति की हवि (आहुति) का भाग इंद्र की हवि के साथ मिश्रित हो गया और वह इंद्र को चढ़ा दिया गया, जिससे सूत जी की उत्पत्ति हुई।

सूत जी बहुत ही तीक्ष्ण बुद्धि के स्वामी थे। पठन, अध्ययन और मनन में उनकी विशेष रुचि थी। इसी को देखकर व्यास जी ने उन्हें अपना शिष्य स्वीकार कर लिया। व्यास जी ने वेद, पुराण तथा अन्य साहित्य का उन्हें भरपूर ज्ञान प्रदान किया। उन्होंने पाया कि सूत जी न केवल पठन, अपितु पाठन और वाचन में भी गहन रुचि और योग्यता रखते

हैं। इसी के चलते, व्यास जी ने उन्हें पुराणों का वक्ता होने का आशीर्वाद दिया। इस भार को उनको अंतरित कर व्यास जी स्वतः पुराणों की रचना कर और ज्ञान बाँट कर निश्चिंत हो गए। अब श्री सूत जी आश्रम-आश्रम घूम कर पुराणों का प्रवचन करने लगे। उनकी शैली तथा कथाओं को कहने का अंदाज इतना सहज, सुंदर और अर्थपूर्ण था कि श्रवण करते समय ऋषियों के रोम-रोम रोमांच से खड़े हो जाते थे, इसीलिए कालांतर में उनका नाम 'लोमहर्षण' या 'रोमहर्षण' पड़ गया।

रोमहर्षण जी को हम सभी लोग सूत जी के नाम से ही अधिक पहचानते हैं। ऐसा इसलिए, क्योंकि अधिकतर पौराणिक कथाएँ जब हम सुनते हैं, तो उनकी शुरुआत आपसे ही होती है। शौनकादि ऋषि कोई प्रश्न करते हैं और सूत जी उत्तर स्वरूप किसी कथा का वाचन करते हैं।

शौनक जी के आग्रह पर सूत जी नैमिषारण्य पधारे। उनके पौराणिक ज्ञान की गहराई को ध्यान में रख उन्हें व्यास गद्दी प्रस्तावित कर उसपर बैठाया गया। अब यज्ञ आदि से बचे हुए समय में ऋषिगण उनके आसपास इकट्ठा हो जाते और पूरी तन्मयता से सूत जी द्वारा वाचित पुराणों को सुनते। कहते हैं कि न केवल ऋषिगण, वरन् जानवर, पक्षी इत्यादि भी वहाँ एकत्रित हो जाते। बीच-बीच में ऋषिगण अपनी किसी चिंता, शंका, संदेह, जिज्ञासा या फिर कलियुग की परेशानियों से मुक्ति संबंधित प्रश्न करते जाते और सूत जी यथानुसार उस प्रश्न के उत्तर में किसी पौराणिक कथा का वाचन करते। उस कथा में ही प्रश्न का समाधान छिपा रहता कि व्यक्ति को उस परिस्थिति में कैसा व्यवहार करना चाहिए जिससे यथावांछित फल प्राप्त हो।

--- *** ---

4

भक्ति, ज्ञान और वैराग्य

शौनकादि ऋषियों ने एक समय श्री सूत जी से पूछा, 'हे परमपूज्य, कलियुग अभी शुरू ही हुआ है, फिर भी इसके प्रभाव स्पष्ट प्रतीत होने लगे हैं। हमें इस विषय में कुछ जानने की जिज्ञासा है।'

सूत जी महाराज ने इस प्रकार एक कथा का प्रारंभ किया, 'परोपकार को सदैव उद्धत ऋषिगणों, युग के अपने प्रभाव तो रहेंगे ही। यह कदाचित् आप ही नहीं अपितु सभी बुद्धिजीवियों, सिद्ध, महात्माओं और यहाँ तक कि देवों के लिए भी विचारणीय विषय रहा है। इस विषय में श्री नारद जी और भक्ति से संबंधित इस कथा का श्रवण करना अति उचित होगा।'

'यह द्वापर युग के समापन और कलियुग के प्रारम्भ का समय था। एक बार देवर्षि नारद जी मृत्युलोक में भ्रमण कर रहे थे। वृंदावन के समीप उन्होंने एक बहुत ही निराला दृश्य देखा। उन्होंने देखा कि एक स्त्री बैठी रो रही थी और दो पुरुष उसकी गोद में सिर रख कर लेटे थे। इसमें निराला क्या था? यह था कि स्त्री दुर्बल तो थी किंतु युवा थी परन्तु दोनों पुरुष बूढ़े, बीमार, कमजोर और असहाय से थे। आश्चर्यचकित नारद जी ने शंका निवारण के उद्देश्य से महिला से पूछा, 'हे देवी, आप कौन हैं और क्यों उदासी से घिरी विलाप कर रही हैं? और यह दोनों पुरुष कौन

हैं?'

'स्त्री ने बताया, 'ऋषिवर मेरा नाम 'भक्ति' है। गोद में लेटे दोनों पुरुष मेरे बेटे 'ज्ञान' और 'वैराग्य' हैं। मेरी उदासी और विलाप का कारण इन दोनों की यह दशा है।' इस उत्तर ने नारद के आश्चर्य को और अधिक बढ़ा दिया। एक तरुणी के बेटे और इतने बुजुर्ग, आखिर यह कैसे संभव हुआ? उनके द्वारा पूछने पर भक्ति ने आगे बताया, 'कलियुग की महिमा के कारण इनके यह हाल हो गए हैं। भविष्य में लोगों के अंदर भक्ति तो रहेगी। वह परमात्मा से लगन लगाना भी चाहेंगे। किन्तु उनके अंदर वास्तविक ज्ञान पाने और संचय की कोई इच्छा नहीं होगी। वह सांसारिक ज्ञान से ही संतुष्ट हो जाया करेंगे और उसे भी केवल उतना ही अर्जित करना चाहेंगे, जितना उनकी इंद्रियाँ उनसे चाहेंगीं और जितना भौतिक आवश्यकताओं को पूरा करने के लिए आवश्यक लगेगा। आध्यात्मिक ज्ञान और मनुष्य योनि के वास्तविक उद्देश्य के लिए जो ज्ञान जरूरी होगा उसका महत्व ही वह महसूस नहीं करेंगे। इसीलिए उनकी वेदों और धार्मिक ग्रंथों को पढ़ने में भी कोई रुचि नहीं होगी। जब ज्ञान नहीं होगा तब वैराग्य की भावना और वृत्ति कहाँ से आएगी? जन मोह-माया में ही फँस कर और भौतिकतावाद के मध्य इंद्रियों द्वारा सांसारिक सुख भोगते हुए वैराग्य की भावना से वंचित रह जाएँगे। कलियुग प्रारंभ होने से इस वृत्ति का भी आरंभ हो चुका है तथा इसी कारण मेरे दोनों पुत्रों की यह दशा है। एक बात और भी है कि ज्ञान और वैराग्य के अभाव में भक्ति भी अधूरी ही रहेगी और आखिर कब तक टिकेगी! यह स्थिति लोगों के दोहरे पतन का कारण बन जाएगी। यही मेरे दुःख के कारण हैं क्योंकि इनसे निकलने का कोई उपाय मुझे समझ नहीं आता है।'

'यह सुनकर नारद जी का आश्चर्य चिंता में परिवर्तित हो गया। इस प्रकार की परिस्थितियों का आभास तो नारद जी को भी था, किन्तु इसका प्रभाव इतना शीघ्र और इतना गहरा भी हो सकता है, इसका अंदेशा उन्हें कदापि नहीं था। उन्हें याद आया कि श्री विष्णु जी के अंशावतार माने गए व्यास जी ने इसी सारगर्भिता को समझते हुए वेदों का विभाजन किया है तथा अन्य ग्रंथों के साथ-साथ पुराणों की रचना की

है।'

'पुराण वेदों के सभी ज्ञान को समेटे हुए आसान व्यावहारिक भाषा में लिखे गए वे ग्रंथ हैं, जो कलियुग में मानव को राह दिखाने में सक्षम हैं। इनमें भी श्रीमद् भागवत् सर्वोपरि है। इसके अंदर सभी वेद-वेदांगों, उपनिषद, पुराण, संहिताओं तथा अन्य धार्मिक ग्रंथों के ज्ञान का सार तत्व निहित है। अतः उन्होंने 'भक्ति' को श्रीमद् भागवत् के श्रवण का परामर्श दिया। उनके विचार में इससे ज्ञान और वैराग्य का स्वास्थ्य सही होने की आशा थी।'

'नारद जी ब्रह्मा जी के मन के प्रतिरूप सरीखे माने गए हैं। 'मन' यानी चंचलता का दूसरा नाम। जिसे एक जगह स्थिर रख पाना केवल मनुष्य के लिए ही नहीं, सभी के लिए कठिन है। इसीलिए नारद जी भी चंचल प्रकृति के हैं। एक जगह स्थिर बैठना उनके स्वभाव में नहीं है। फिर भी एक बार श्रीमद् भागवत् श्रवण के लिए नारद जी ने एक जगह स्थिर होकर पूरी तन्मयता से उसका श्रवण किया था। इस दौरान उनका मन विचलित होना तो दूर, जरा सा भी भटका नहीं था। यह इस बात की पुष्टि करता है कि पुराणों खासकर श्रीमद् भागवत् का अध्ययन, पठन, मनन, वाचन और श्रवण पूरी सृष्टि का ज्ञान प्रदान करते हुए मानव जीवन के दृष्टिकोण को एक नया आयाम प्रदान करता है। यह मनुष्य को सांसारिक सुखों और भौतिक मोह-माया के इतर कलियुग में पूरी सृष्टि के ज्ञान का अनुभव कराते हुए, मोक्ष की राह दिखाने में सक्षम है।'

'इसकी महत्ता के बारे में नारद जी कहते हैं, कि जन्म-जन्मांतरों के सद्-कार्यों के फलस्वरूप सत्संग प्राप्त होता है, सत्संग से विवेक की प्राप्ति होती है और विवेक की उपस्थिति ज्ञान की प्राप्ति और संचय में सहायक होती है। श्रीमद् भागवत् एक ऐसा ग्रंथ है जो इसमें सक्षम है। इसके सानिध्य से मोह-मद हट जाता है, माया छूट जाती है, परम ज्ञान अहं को मिटा देता है और मानव का सच्चा तथा उद्देश्यपूर्ण उदय होता है। यही कारण था कि नारद जी ने भक्ति को भी इसके श्रवण की सलाह दी थी।'

'कालांतर में भक्ति ने हिमालय में सनकादिक ऋषियों से श्रीमद् भागवत् पुराण का श्रवण किया जिससे 'ज्ञान' व 'वैराग्य' के स्वास्थ्य में

अभूतपूर्व सुधार हुआ।'

--- *** ---

5

नारद विष्णु संवाद

ऐसी ही एक संध्या को ऋषियों ने अपनी शंका उनके सामने रखी, 'मुनिवर, कलियुग की अलग ही कहानी है। ज्ञान और वैराग्य के अभाव में भक्ति का स्थान नाममात्र का ही रहता है। इनके न होने पर इंद्रियों और स्वार्थ के पराभूत होकर सभी जन नाना प्रकार के कष्टों से क्लांत रहते हैं। क्या कोई ऐसा उपाय है जिससे कम भक्ति और श्रम से ही उनके कष्टों का निवारण सम्भव हो सके?'

यह सुनकर सूत जी बोले, 'कैसा अद्भुत संयोग है! एक बार श्री नारद जी ने भूलोक के भ्रमण के दौरान मनुष्यों को नाना प्रकार के भोगों में लिप्त होकर परमात्मा और मानव जीवन के मूल उद्देश्यों को भूलते हुए बहुत से कष्टों से पीड़ित पाया। वे इससे विचलित हो गए और तुरंत बैकुण्ठ लोक जाकर विष्णु जी के समक्ष अपनी शंका रख समाधान पूछा। मैं आप लोगों से वही समाधान कहता हूँ जो स्वयं भगवान विष्णु जी ने नारद जी से कहा था।'

'नारद जी के चेहरे से दुविधा और मन को मथने वाले प्रश्न झलक रहे थे। बैकुण्ठ वासी नारायण मुस्कुराए और उनसे आने का मंतव्य प्रस्तुत करने को कहा। नारद जी ने पृथ्वी पर देखे कातर दृश्यों से अवगत कराते हुए अपने मन की परेशनियाँ समक्ष रखते हुए कहा, 'प्रभु, मैं समझता हूँ कि कलियुग में मानव में ज्ञान और वैराग्य का अभाव है, जो उसके दुखों का मूल कारण है। फिर भी, हे नारायण, उनके कष्टों से मन विचलित है

और यहाँ पधारने का औचित्य यही है कि इन से मुक्ति पाने के साधनों और विकल्पों को जान सकूँ।'

'विष्णु जी बोले, 'ऋषिवर, आपका औचित्य उचित है। आपकी इस परोपकार की भावना के लिए मैं नतमस्तक हूँ। किंतु जैसा आपने स्वयं कहा, यह कष्ट तो उनके अपने ही कर्मों के कारण हैं।'

'हे विधाता, आपका कथन सर्वथा सत्य है और विधि सम्मत भी! फिर भी यदि इनसे छुटकारा पाने या इनकी तीव्रता और आवृति को कम कर पाने का कोई समाधान हो, तो मनुष्यों को कुछ तो शांति और सांत्वना मिल सकती है। आप सर्वज्ञानी हैं और ऐसी कोई समस्या नहीं जिसका समाधान करने में आप सक्षम न हों।'

'नारायण तो सब जानते ही थे और जैसे केवल इस प्रश्न की प्रतीक्षा में थे, 'देवर्षि, साधन तो बहुत हैं, किंतु समस्या यह है कि ज्ञान और वैराग्य की अनुपस्थिति भक्ति की भावना को क्षीण करती है, जिससे मानव का परमात्मा में विश्वास कम होता है। कहने को तो मनुष्य अपने आपको धार्मिक कहता है, अपनी सारी परेशानियों के लिए प्रारब्ध को दोष देकर निवारण के लिए परमात्मा को पुकारता है और अपनी भक्ति और विश्वास की दुहाई देता है। किंतु परमात्मा में उसका यह विश्वास केवल एक छलावा मात्र होता है। कलियुग की यही माया है। वह अपने आपको नियति के हाथ छोड़ केवल कर्म करने पर ध्यान नहीं दे पाता है क्योंकि उसका ध्यान भौतिक विलासिता को एकत्र करने और बढ़ाने पर केंद्रित रहता है। इस कारण वह सृष्टि में अपने अतिरक्त सब कुछ नकारने लगता है। उसके कर्म कैसे भी हों, वह अपनी खुशियों के लिए तो अपने कर्मों को कारण मानता है किंतु कठिनाइयों और परेशानियों के लिए विधि और परमात्मा को ही दोष देने लगता है। वह अपने ही अहं के वश में आकर सब कुछ खुद पा लेने और संचय करने की प्रवृति वश असत्य का सहारा लेने लगता है। उसका असत्य उसे क्षणिक लाभ तो पहुँचाता है, लेकिन यह असत्य उसके अंतर में विराजमान सूक्ष्म जीव के ऊपर भी अपनी छाप तो छोड़ता ही है। जो कालांतर में उसकी परेशानियों का कारण बन उसी के समक्ष प्रकट होता रहता है। दूसरी बात, असत्य केवल तात्कालिक तौर पर खड़ा रह सकता है अतः मानव एक असत्य

पर दूसरे और दूसरे पर तीसरे का सहारा लेना शुरू कर देता है, जिससे उसके चारों तरफ असत्य का जाल बिछ जाता है, जहाँ से निकल पाना उसको असम्भव प्रतीत होता है और वह माया के जाल में तड़पता है।'

'नारायण, नारायण! यह तो अति विकट समस्या की बात है। क्या इससे छूटने का कोई उपाय नहीं होगा? पूरी तरह न सही, कुछ कम करने वाला ही हो तो भी सांत्वना देगा।' नारद जी व्याकुल होते हुए बोले।'

'विष्णु जी हँसे, 'देवर्षि आपकी व्याकुलता समझ आती है। आपका जीवन ही परोपकार के लिए है। अभी तक मैं आपको मनुष्य के कष्टों के कारणों के विषय में बता रहा था। यदि आपने ध्यान दिया हो तो समाधान भी वहीं छिपा है।'

'कैसे प्रभो?'

'आप देखिए तो उसके कष्टों का मूल उसके कर्मों में असत्य का बोलबाला और अंतिम सत्ता में विश्वास की कमी ही है। मैं जानता हूँ कि कलियुग की बयार ही ऐसी होगी, जिसमें मनुष्य को इससे अलग रह पाना सम्भव ही नहीं होगा। जो अपने आपको सत्य और विश्वास की इस राह पर रख पाएगा वह निश्चय ही उद्धार का अधिकारी होगा। ऐसे मानवों की संख्या भी अल्प ही होगी। यहाँ तक कि कुछ मुनि, साधु, सन्यासी इत्यादि भी किसी ना किसी समय मोह-माया के वश में होकर सांसारिक भोगों की तरफ उन्मत्त होने लगेगें। उन्हें भी अपनी आध्यात्मिक और बौद्धिक क्षमता का गर्व होना शुरू हो जाएगा। आम जन को सही और गलत में भेद कर पाने की क्षमता नहीं रहेगी, क्योंकि वह भी उनके सानिध्य में जाने से पहले उसमें अपना लाभ ढूँढा करेंगें। यही उन्हें गलत रास्ते और संगत में डाल कर दोहरे पतन और भीषण कष्टों के माध्यम बनेंगे। कहने को तो लोग अपने आपको भक्त और आध्यात्मिक बतायेंगें, किंतु वह सही अर्थों में ना होकर असत्य, दिखावा और स्वार्थ की बुनियाद पर खड़ा होगा, ऐसे में उन्हें उससे कुछ लाभ नहीं होगा, केवल सांसारिक आवश्यकताओं की पूर्ति होगी।'

'भगवन्, मेरा मस्तिष्क तो चकराने लगा है। आप का कथन तो पूर्णतः सही है। यही कलियुग की मोह-माया है। किंतु मैं अभी भी आपके सारगर्भित शब्दों में छिपा समाधान समझ नहीं पाया हूँ।' नारद जी व्यग्र

स्थिति में बोले।'

'आपका कथन उचित है मुनिवर।' श्री विष्णु मुस्कुराये, 'लेकिन सार समझना इतना भी कठिन नहीं है। कलियुग में इन कष्टों से मुक्ति तभी सम्भव होगी जब कोई मनुष्य सत्य की शरण में जाएगा। मैं मानता हूँ कि इसका पूर्णतया पालन करना कठिन होगा। जो सत्य का अनुसरण कर पाएगा वह तर जाएगा। किंतु अन्य मनुष्यों के लिए भी एक उपाय है, जो सरल है, सुविधाजनक है और कम समय व प्रयास से किया जा सकता है। परमात्मा के ही एक रूप श्री सत्यनारायण माने गए हैं। वह देव, गंदर्भ, किन्नर, नर व असुर सभी के परम आदरणीय हैं। जैसा कि उनके नाम से विदित होता है, सत्यनारायण सत्य के प्रति पूर्ण निष्ठा रखते हैं। असत्य उन्हें कदापि नहीं भाता है। वह भली भाँति जानते हैं कि कलियुग में माया और स्वार्थ वश असत्य का बोलबाला होगा। इसी कारण से कलियुग में उनकी भक्ति और अनुसरण थोड़े प्रयास से ही अधिक फल देने वाला रहता है। मनुष्य यदि उनकी शरण में जाए, तो निश्चय ही थोड़े से समय में ही अपने कष्टों से छुटकारा पा सकता है।'

'नारद जी थोड़ा आश्वस्त हुए क्योंकि आशा की किरण जाग गई थी। वह संतुष्टि की ओर झुकाव लेते हुए बोले, 'बहुत उत्तम प्रभु! अब यह ज्ञान भी दीजिए कि सत्य को जाग्रत कर श्री सत्यनारायण जी का आह्वान कैसे किया जाए। साथ ही क्या किया जाए जिससे उन्हें प्रसन्न कर उनका सानिध्य और आशीर्वाद प्राप्त किया जा सके।'

'प्रभु बोले, 'सत्यनारायण जी का आह्वान करना सरल कार्य है। जो गणमान्य मनुष्य उनका आह्वान करना चाहते हैं, उन्हें मन में संकल्प कर उस दिन सत्य का पालन करना चाहिए। आनंदपूर्वक सामुदायिक भावना जाग्रत करनी चाहिए। वैसे तो घर आने वाले सभी आगंतुकों का स्वागत करना उसका धर्म है, किन्तु फिर भी उसे अपने बंधु-बांधवों तथा प्रिय लोगों को सप्रेम बुलाकर श्री सत्यनारायण जी को उच्च आसान प्रदान करना चाहिए। सत्य के साथ-साथ उस गृहस्थ के अंतर में उस दिन संचय नहीं वरन् साझा करने की, बांटने की वृत्ति जागृत होनी चाहिए। अतिथियों के स्वागत सत्कार की सामर्थ्यानुसार उचित व्यवस्था करनी चाहिए। उनके भोज के लिए सात्विक भोजन का प्रबंध

होना चाहिए। यजमान अपनी आर्थिक क्षमता अनुसार व्यवस्था कर सकता है। तथापि अन्न और मिष्ठान्न हेतु गेंहू या साठी के चावल व गुड़ के मिश्रण से गृह-निर्मित कसार, फलों में कदलीफल यानी केला और पेय पदार्थ के लिए पाँच शुद्ध चीजों, यथा दुग्ध, दधि, घृत, गंगाजल और मधु, का पंचामृत विशेष रूप से संस्तुत है। सबको मिल कर सत्यनारायण जी का हृदय से आह्वान करना चाहिए। कलियुग में यह थोड़ी अवधि तक सत्य का पालन और सत्य विचार भी अच्छा फल देने में समर्थ है। यह मन को शुद्ध और चित्त को स्थिर कर व्यक्ति को उस परम सत्ता के नजदीक ला देते हैं।'

'देवर्षि संतुष्ट होते हुए बोले, 'अति उत्तम उपाय बताया है प्रभु आपने। यदि इस थोड़े से समय के संकल्प और उपाय से मनुष्यों का कलियुग में कल्याण संभव है तब तो क्या कहने। मनुष्यों को इससे ज्यादा सरल और सुगम क्या होगा! मेरा विश्वास है कि श्री सत्यनारायण जी के आह्वान से मृत्युलोक के सभी मनुष्य अपने कष्टों को कम कर पाएंगें। आपका बहुत बहुत आभार।'

'विष्णु जी चेहरे पर सारगर्भित मुस्कान धरते हुए बोले, 'आपके विश्वास के आगे कोई भी नतमस्तक हो जाएगा ऋषिवर। इहलोक के क्लेशों से मुक्ति, सांसारिक और भौतिक सुखों की प्राप्ति, भोग तथा पारलौकिक लक्ष्यों-उद्देश्यों की सिद्धि के लिए श्री सत्यनारायण की आराधना और आह्वान ही एक मात्र उपाय समझ आता है। श्री सत्यनारायण का अर्थ उनके नाम से ही परिलक्षित होता है यानी सत्य का सत्यनिष्ठा से संकल्प और सत्य व्यवहार व सत्य आग्रह से उसका पालन और अमल। सत्याचरण और सद्भाव की भावना ही मनुष्य योनि और भविष्य की योनियों के लिए सुख और समृद्धि सुनिश्चित करने का एकलौता यत्न है। युगों से जो फल अत्यंत कठिन तपस्या से भी दूभर था, वह कलियुग में कम प्रयास से प्राप्त करने की केवल यही एक युक्ति है। सत्य के पालन का व्रत लेना और उस पर अमल करना। सत्य अर्थात वह परम सत्ता जो इस ब्रह्मांड की उत्पत्ति, संचालन और विनाश के लिए दायी है। किन्तु आपने इस उपाय का केंद्र अभी भी नहीं समझा। सत्यनारायण जरा से प्रयास से प्रसन्न हो सकते हैं, इसमें कोई संदेह

नहीं है। किन्तु यह सत्य का संकल्प व पालन तथा संचय नहीं साझा करने की वृत्ति वास्तविक और व्यक्ति के भीतर होनी चाहिए। यदि यह केवल दिखावे के लिए और स्थूल शरीर की इंद्रियों तक सीमित होगी, तो यजमान को उचित और अपेक्षित परिणाम मिलने में संदेह रहेगा।'

'नारद जी ने सहमति दिखाई, 'अब मैं सम्पूर्ण अर्थ को समझ पाया। व्यक्ति को एक दिन सांसारिक मोह-माया से इतर रह कर सत्यनारायण जी का आह्वान करना चाहिए। एक अंतिम संदेह बचता है भगवन। क्या सत्यनारायण जी का आह्वान कभी भी, किसी भी दिन, समय और स्थान पर किया जा सकता है, या फिर इस संबंध में भी कोई नियम हैं?'

'नारायण बोले, 'वैसे तो दिन, समय और स्थान का कोई अधिक महत्व नहीं है। सत्य का आचरण कभी भी कहीं भी किसी के भी द्वारा किया जा सकता है, बल्कि यह तो सदैव वांछनीय है। फिर भी माह की संक्रांति, पूर्णमासी, एकादशी और प्रदोष तिथियाँ उत्तम मानी जाती हैं। क्योंकि इन दिनों में ग्रहों और नक्षत्रों की स्थिति स्वतः ही मन को स्थिर रखने में सहायक होती है। समय साँयकाल का वरीय है जिससे प्रातः काल से ही सत्य पालन के व्रत का पूर्ण असर परिलक्षित हो सके। स्थान कोई भी हो, उसको साफ कर सात्विक बना कर प्रयोग में लाया जा सकता है। और बताईए देवर्षि, आपका कोई संदेह या जिज्ञासा यदि अभी भी शेष हो।'

'नारद जी ने संतुष्टि में सिर हिलाया और हाथ जोड़ के खड़े हो गए, 'ईश्वर, अब इस अकिंचन को अनुमति और आशीर्वाद दीजिए कि मैं पृथ्वी पर मानवों को इस व्रत के विषय में अवगत करा कर इसके पालन के लिए प्रेरित कर सकूँ।'

इतनी कथा वाचन के बाद सूत जी चुप हुए और वहाँ एकत्रित ऋषियों के विशाल समूह पर निगाह डालते हुए शांत स्वर में बोले , 'यह वह उपाय है जिसे श्री भगवान ने स्व-मुख से मृत्युलोक के सबसे बड़े शुभचिंतक देवर्षि नारद जी को सुनाया था। निश्चय ही यह एक उत्तम साधन है क्लेशों और कष्टों से मुक्ति पाकर सुख समृद्धि प्राप्त करने और साथ ही इस योनि से मुक्ति का मार्ग सुगम करने का। आप लोगों के सभी संशय और जिज्ञासाओं का उत्तर मिल गया होगा, ऐसी आशा है। आप

बताएं अब आप क्या श्रवण करना पसंद करेंगे?'

शौनकादि ऋषिगण भगवान विष्णु और देवर्षि नारद जी के बीच हुए इस अद्भुत संवाद को तन्मयता और भक्ति से अभिभूत होकर सुनते रहे थे। उन्हें इस वार्तालाप में प्रकट किए गए तथ्यों से बहुत सा ज्ञान प्राप्त हुआ था। उनकी प्रसन्नता अपने चरम पर थी और वह सब श्री सूत जी महाराज के ज्ञान की गहराइयों के आगे नतमस्तक थे। शौनक जी बोले, 'परम आदरणीय और व्यास गद्दी पर विराजे महाज्ञानी सूत जी को हम सबका साधुवाद और आभार। हमारे इस तप, साधना, आराधना, यज्ञ और मनन का केंद्र बिंदु ही इस घोर कलियुग में प्राणियों के कष्टों को कम करने और उनका उद्धार करने के साधन तलाशना था। यहाँ तो पहले ही श्री नारायण नारद जी की शंका समाधान करते हुए इतना सुंदर, सहज और प्रभावकारी उपाय बता चुके हैं। इससे निश्चय ही कलियुग के कष्टों से मुक्ति सम्भव होगी, इसमें लेश मात्र का भी संदेह नहीं है। हम आशा करते हैं कि मनुष्य अपने पद, शक्ति, संपत्ति इत्यादि से उपजे अहं और सांसारिक भोगों के प्रति लिप्सा से कुछ क्षण की इस विरक्ति को सम्भव कर अपने उद्देश्य और मुक्ति की ओर चलने के लिए जरूर ही इस उपाय का पालन करेगा और श्री सत्यनारायण का आह्वान पूरी श्रद्धा, भक्ति और समर्पण से कर पाएगा। आपके द्वारा वाचित विधि तो किसी भी प्रकार की सीमा, बंधनों और यंत्रणाओं से परे है और इसीलिए यह एक सहज कृत्य होगा।'

कुछ ऋषियों ने जिज्ञासा सामने रखी, 'गुरुवर, श्री सत्यनारायण तो अनादिकाल से रहे हैं। इस कथा में तो उनका आह्वान करने का मार्ग मात्र बताया गया है। हम लोगों में उन महापुरुषों के विषय में जानने की जिज्ञासा उत्पन्न हुई है, जिन्होंने इससे पहले श्री सत्यनारायण के आह्वान का संकल्प लिया। यह भी कि संकल्प लेने से उनके जीवन, व्यवहार और भविष्य पर कितना और कैसा प्रभाव हुआ। कृपया इस विषय में भी हम लोगों का ज्ञानवर्धन और मार्गदर्शन करने का कष्ट करें।'

सूत जी बोले, 'आपकी जिज्ञासा उद्देश्यपूर्ण और मन्तव्य बड़ा ही नेक है। वास्तव में कलियुग में आस्था और विश्वास इतने गहरे नहीं

होंगे, कि मनुष्य इस प्रकार वर्णित किसी भी उपाय को सहज ही मान ले और प्रयोग में ले ले। उसको हर बात के तर्क और प्रमाण खोजने की वृत्ति होगी। प्रमाणों के अभाव में उसका मन किसी भी बात को मिथ्या ही मानेगा। अपनी आज तक की सांस्कृतिक विरासत विश्वास पर टिकी होने से अपने बुजुर्गों से वंशानुगत तरीके से प्राप्त ज्ञान सहज ही ग्राह्य होता है और उसके लिए किसी प्रमाण की आवश्यकता नहीं रखनी चाहिए। किंतु इसकी न्यूनता की सम्भावना को समझते हुए नारायण ने कुछ मुख्य व्यक्तियों की जीवनी भी नारद जी को बतायी है, जो श्री सत्यनारायण के संकल्प को वहन कर इसके लाभ से सम्पन्न हो चुके हैं या फिर श्री सत्यनारायण जी का एक या अनेक प्रकार से निरादर कर कष्टों को प्राप्त हुए और विपन्न हुए। मैं वह सब वृतांत आप लोगों से कहता हूँ। आप लोग ध्यान पूर्वक सुनें।'

--- *** ---

6

कथा प्रारंभ

श्री सूत जी ने इस प्रकार कथा का प्रारंभ किया, 'प्राचीन काशी नगर में एक अति निर्धन ब्राह्मण रहता था। वह प्रतिदिन धनवानों के नगर में जाता और अपने जीवन यापन के लिए भिक्षा की याचना करता। इसी कार्य के लिए वह दिन भर इधर-उधर भटकता रहता। किसी भी तरह के मौसम की चिंता ना करता, चाहें लू भरी गर्मी हो, अस्थियों को जमाने वाली ठंड हो या फिर मूसलाधार बारिश। यह एक बहुत ही कष्टप्रद कार्य था। मार्ग में आने वाली कठिनाइयाँ और परेशानियाँ भी उसे झेलनी पड़तीं। कभी-कभी तो वह भूख-प्यास से व्याकुल भी हो जाता, किन्तु क्या करता। उसका ध्यान तो किसी भी तरह से भिक्षा पाने में ही उलझा रहता। कहीं से उसे भिक्षा मिलती और कहीं से केवल प्रताड़ना। कभी मिली हुई भिक्षा से वह अपना यापन कर पाता और कभी उसे भूखे ही सोना पड़ता। इसी तरह उसका जीवन चल रहा था।'

'ब्राह्मण होते हुए भी वह अपना मन और ध्यान पूजा पाठ में नहीं लगा पाता क्योंकि मन तो पहले ही जीवन यापन की न्यूनतम आवश्यकताओं को पूरी करने में ही व्यस्त रहता। अब वह वृद्ध भी होने लगा था और इस बात ने उसको चिंतातुर भी कर रखा था। वह अपनी विपन्नता पर दुखी होता, खीजता लेकिन कुछ उपाय न पाता। ऐसे ही एक दिन वह भिक्षा याचना के साथ भटक रहा था कि मार्ग में उसकी एक बुजुर्ग किन्तु तेजवान ब्राह्मण महाराज से भेंट हो गई। ऐसा प्रतीत

होता था कि कोई देव या महान आत्मा साक्षात उसके समक्ष है। उनके प्रभामंडल को देखकर वह बहुत प्रभावित हुआ और उनको करबद्ध प्रणाम किया।'

'तेजवान ब्राह्मण ने अभिवादन स्वीकार करते हुए पूछा, 'हे मित्र, आप कौन हैं और किस अभिप्राय से इतने दुखी होकर यहाँ भ्रमण कर रहे हैं। हे विप्र, कृपया मुझे बताइए। मैं यह सब सुनने और जानने का इच्छुक हूँ।'

'ब्राह्मण बोला, 'हे प्रभु, मैं एक अत्यंत दरिद्र व्यक्ति हूँ। पास ही अपनी कुटिया में रहता हूँ। मैं सदैव की तरह धनिकों से कुछ भिक्षा प्राप्त करने के उद्देश्य से भटक रहा हूँ, जिससे अपने उदर की क्षुधा को शांत कर सकूँ। यही मेरा दैनिक नियम है। कहने को तो मैं उच्च कुल का ब्राह्मण हूँ, किन्तु भगवान के भजन कीर्तन के लिए भी मेरे पास समय नहीं है। शायद इसीलिए भगवान मुझसे रुष्ट हैं और इस संकट से उबरने का कोई मार्ग नहीं दिखाते। अब तो प्रतीत होता है कि यह जन्म यूँही व्यर्थ व्यतीत हो जाएगा।'

देवतुल्य ब्राह्मण महोदय मुस्कुराए, 'हे विप्रवर, आपका कथन तो उचित है किन्तु कारणों की व्याख्या अनुचित है। भगवान कभी भी अपने भक्तों से रुष्ट नहीं होते। वह तो पूरी दुनिया ही क्या, पूरे ब्रह्मांड का खयाल रखते हैं। यदि आप इसको दूसरे अर्थ में परखें, तो भगवान कौन हैं? वह इस ब्रह्मांड में व्याप्त समस्त शक्ति या ऊर्जा के स्रोत हैं? बल्कि वह तो स्वतः ऊर्जा हैं। यह संसार इसी ऊर्जा की तरंगों से चलता है। यह तरंगें पूरे ब्रह्मांड में हर ग्रह-नक्षत्र, चर-अचर वस्तु और जीव से उत्पन्न और उसके द्वारा ग्राह्य होती हैं। हमारी मानव देह भी तरंगें उत्पन्न और प्रेषित करती रहती है और साथ ही वातावरण में उपस्थित अन्य तरंगों को ग्राह्य भी करती रहती है। यह एक सतत प्रक्रिया है और निरंतर अपना कार्य करती रहती है। हमें इसका तनिक भी भान नहीं हो पाता है। किन्तु हमारे द्वारा प्रेषित और ग्राह्य दोनों प्रकार की ऊर्जा तरंगें हमारे जीवन पर गहरा, गहन और गंभीर असर डालती हैं। हमारा मन भी इसी का एक हिस्सा है और सबसे ज्यादा असर इसी पर होता है। अतः यही उचित होगा कि आप केवल अपनी दरिद्रता या विपन्नता के विषय में ही

न सोचते रहें। वैसे भी आप चाह कर इससे मुक्ति तो पा नहीं रहे हैं, अतः इसके इतर भी थोड़ा ध्यान दें।'

'आपकी बातें ज्ञानपूर्ण और रुचिकर होने के साथ-साथ इसमें सार स्पष्ट प्रतीत होता है। कृपया तनिक विस्तार से बताने की कृपा करें।' दरिद्र ब्राह्मण महोदय बोले।'

'जरूर। यदि इससे आपकी कोई सहायता हो सकती है, तो मुझे अपार आनंद की प्राप्ति होगी। अगर आप विश्वास करें तो जैसे विचार हमारे मन में आते हैं या विराजते हैं, उसी के अनुरूप हमारा मन और देह तरंगें प्रेषित करते हैं। यहाँ यह महत्वपूर्ण है कि यह प्रक्रिया केवल प्रेषित करने तक ही सीमित नहीं रहती, अपितु हमारे चारों तरफ व्याप्त तरंगों के जाल में से यह उसी के समानांतर और मिलती-जुलती, उसी स्वरूप और विचारों की तरंगे ही ग्रहण भी करने लगता है। इस कारण यह असर गुणित होता रहता है। यहाँ तक कि यह अविरत प्रेषण और ग्रहण हमारे चारों तरफ के वायुमंडल या आभामंडल को भी प्रभावित करता है। यदि यह पूरी प्रक्रिया सकारात्मक अर्थात संतुष्टि, प्रसन्नता, सामुदायिक भावना से प्रेरित है, तब यही आभामंडल चमकदार स्वरूप में गोचर होता है, जिसे हम दिव्यज्योति या प्रभामंडल कहते हैं। दूसरी तरफ यदि यह प्रक्रिया नकारात्मक अर्थात दुविधा, परेशानी, शिकायत, अनिर्णय से पूर्ण होती है तब हम इस चक्रव्यूह में फँसते चले जाते हैं। जहां से निकलने का कोई मार्ग हम देखते ही नहीं और कहते हैं कि हमें कोई मार्ग मिलता ही नहीं। यह उचित है कि हम समस्या से निकलने का मार्ग खोजें और उस दिशा में कर्म करें। ऐसी कोई कठिनाई और परेशानी नहीं होती जिसका समाधान न हो। नकारात्मकता के वश में हम उसको पहचान नहीं पाते हैं। या फिर पहचान तो लेते हैं लेकिन किसी आदर्श के बंधन में उसे अपनाना नहीं चाहते, तब हमारे लिए यही उचित होना चाहिए कि हम उस ओर से अपने विचार शून्य कर लें और जीवन में प्राप्त अन्य साधनों और अवसरों पर ध्यान केंद्रित कर आगे बढ़ने का प्रयास करें।'

'समुचित विचार हैं आपके मान्यवर। मैंने इस ओर प्रयास किए भी हैं और आगे भी करता रहूँगा, जिससे अपनी दरिद्रता को मिटाने का श्रम

कर सकूँ।'

'कदाचित मैं अभी भी पूरी बात संप्रेषित नहीं कर पाया। मेरा अभिप्राय समस्या से मुक्ति पाने हेतु मात्र कर्म से नहीं है। समस्याएं तो इस भूलोक के जीवन का अभिन्न अंग हैं। मृत्यु लोक में सुख और दुःख दोनों के साथ-साथ रहने की प्रवृति है। किन्तु दोनों ही नित्य या अनंतकाल तक नहीं रहते और स्थान बदलते रहते हैं। मेरा संकेत समस्या, जिसका समाधान न दिखता हो, को ही थोड़ा विस्मृत करने या उससे मन हटाने की तरफ है। ऐसा संभव ही नहीं है और वांछित भी नहीं है, जहाँ हम उसे पूरी तरह भूल जाएं और उसको दूर करने का कर्म ही न करें, बस अपने आपको उस पर केंद्रित न करें और अपने आप को उसका दास न बनने दें। मेरा विचार है कि आप अपने मन को आत्म-केंद्रित होने से बचाएं जहाँ आपको मात्र अपनी विपन्नता दिखाई दे। हर व्यक्ति इतना सक्षम तो होता ही है कि वह इस संसार से कुछ ग्रहण करने के साथ-साथ कुछ अर्पण भी कर सके। आप भी इस विषय में विचार कीजिए और अपनी दरिद्रता में भी देखिए कि ऐसा क्या है जिसे आप दूसरों के साथ बाँट सकते हैं। मैं मानता हूँ, यह कहना जितना सरल है, कर्म में उतारना उतना ही कठिन। इसी वजह से हमारे सनातन दर्शन में किसी ऐसे को मानने का विधान है जिसके ऊपर हम आस्था और विश्वास रखकर निश्चिंत हो सकें और अपना ध्यान अन्य तरफ भी ले जा सकें। आप भी प्रारंभ में जिस भगवान की बात कर रहे थे, वह यही हैं। आप श्री सत्यनारायण जी का ध्यान कीजिए और उनके प्रति सच्चे मन से संकल्प लीजिए। मेरा पूर्ण विश्वास है कि आप अपने लक्ष्य को पाने में अवश्य सफल होंगे।'

'इतना बताकर, उन्होंने सत्यनारायण जी के विषय में विस्तार से समझाकर संकल्प, विचार और आह्वान का सम्पूर्ण ज्ञान दिया। जिसे ब्राह्मण महोदय ने समुचित ध्यान देकर सुना और समझ लिया।'

'जब अगले दिन सुबह वह सो कर उठा तो अचानक उसे पिछले दिन देवतुल्य महानुभाव द्वारा बताई गई बातों का ख्याल हो आया। उसने मन में विचार किया कि वैसे भी कौन सा भरोसा है कि भिक्षा ज्यादा मिले या कम या फिर मिले ही ना और रात्रि तक मैं क्षुधा को शांत कर

भी पाऊँ या नहीं। अतः आज मैं संकल्प लेता हूँ, कि मुझे भिक्षा में जो कुछ भी प्राप्त होगा, उसी से मैं अपने निकट और प्रिय जनों के साथ श्री सत्यनारायण का आह्वान करूंगा तथा हम सब मिल-बाँट कर प्रसाद का सेवन करेंगे।'

'उसके जीवन में शायद यह पहला अवसर था जब उसने भी अपने को इतना सक्षम माना था जो किसी के साथ कुछ साझा भी कर सकता था। आज वह आत्म-केन्द्रीयकरण की सीमा से परे आ चुका था। उसका ध्यान परिणाम पर नहीं, कर्म पर था। आज वह अपना हाथ फैलाकर, कमंडल आगे बढ़ा कर उदर पूर्ति के लिए किसी से भिक्षा के लिए गिड़गिड़ाया नहीं। उसने ससम्मान सामर्थ्यवान से दान की याचना मात्र की। जहाँ से उसे भिक्षा नहीं मिली या फिर उलाहना मिली, उसके मन में उनके लिए उपेक्षा या घृणा नहीं उपजी वरन् वह केवल आशीर्वाद में हाथ उठा कर आगे बढ़ गया। इसी कारण कई दाताओं ने तो उसे वापस बुला कर कुछ अर्पण किया। आज उसके निश्चयात्मक, सकारात्मक, स्पष्ट व्यवहार, भाषा, शारीरिक हाव-भाव व चेहरे की मुस्कान ने उसे सामान्य दिनों की अपेक्षा कहीं अधिक मुद्रा और भोज्य से सम्मानित किया। जैसा उसने संकल्प किया था, साँयकाल संबंधियों और मित्रों के साथ श्री सत्यनारायण की प्रतिमा को प्रतिष्ठापित कर उनकी उपस्थिति में आपस में प्रसाद वितरित किया और इस सब में उसे अतीव संतोष का अनुभव हुआ।'

'अब तक अपने आप को बूढ़ा, दरिद्र, असहाय मानने वाला वह ब्राह्मण अपने को भी समर्थ जान धन्य हो गया, संतुष्ट हो गया था। जीवन और ईश्वर से उसकी नाराजगी समाप्त हो गई थी। अब तो उसकी प्रतिदिन की दिनचर्या यही हो गई। किसी के लिए भी कटुता को कोई स्थान नहीं बचा। जो वह प्राप्त कर पाता उसी में संतुष्ट हो जाता। ऐसा नहीं था कि वह अब ज्यादा के लिए विचार नहीं करता था या उसके लिए उपक्रम नहीं करता था। कर्म सदैव की तरह नियम था, सर्वोपरि था। किन्तु अपेक्षित परिणाम न मिलने अर्थात लक्ष्य तक ना पहुँच पाने पर निराशा नहीं होती थी, मन अशांत नहीं होता था। सकारात्मक सोच और विचारों ने उसके मन को उन वस्तुओं से हटा दिया था जो नहीं हैं।

वरन् उसने, जो है उसका सम्मान, आस्वादन और धन्यवाद करना सीख लिया था। उसको समझ आ गया था कि संपन्नता का अर्थ, जो है उसके वास्तविक भोग और वितरण में है। संचय की प्रवृत्ति का कोई आदि या अंत नहीं है। जो प्राप्य नहीं है उसके पीछे भागने में कोई सार नहीं है। कर्म करना अपना कार्य है किन्तु जरूरी नहीं कि हर कर्म से अभीष्ट परिणाम प्राप्त हो। अतः इच्छित परिणाम से पीछे रहने में असंतुष्टि का कोई स्थान नहीं होना चाहिए। इसी संतुष्टि की भावना ने उसका उद्धार किया।'

--- *** ---

7

विप्र एवं लकड़हारा संवाद

'उसी शहर में एक लकड़हारा रहता था। वह प्रतिदिन सुबह अपनी कुल्हाड़ी लेकर घर से वन की ओर जाता। वहाँ वह अपनी क्षमता के अनुसार लकड़ी चुनता और काटता। तत्पश्चात् उसे अपने सिर पर लाद कर नगर जाकर बेच देता। इस व्यापार से वह इतना जरूर पा जाता कि अपने व अपने परिवार के लिए भोजन की व्यवस्था कर पाए। इस प्रकार उसका जीवन सामान्य प्रकार से चल रहा था। हालांकि बरसात के दिनों में उसे खासी परेशानी आती जब जंगल में सूखी लकड़ी ढूँढने में उसे काफी समय लगाना पड़ता इस कारण कई बार उसे कम लकड़ी से ही काम चलाना पड़ता। अधिक कठिनाई तब आती जब रुग्णावस्था या फिर घर की किसी अन्य परेशानी के कारण वह वन न जा पाता। ऐसा भी होता कि सब कुछ सही होने पर भी किसी दिन लकड़ी का मूल्य सही नहीं मिलता। यद्यपि ऐसा कम होता था, किन्तु होता तो था ही, कि किसी दिन वह कुछ भी न पा पाए और घर में भी कुछ न बचा हो, वह दिन और रात उसे और परिवार को भूखे पेट ही व्यतीत करने पड़ते। तथापि वह एक शांत चित्त और धैर्यवान मनुष्य था। जैसा होता उसी में काम चलाता और जहाँ तक हो प्रसन्न रहता। कभी-कभी वह परेशान हो जाता परंतु इसके वावजूद भी वह अपने में मस्त था। उसका सारा समय अपने

व्यवसाय और जीविका की जुगाड़ में ही बीत जाता।'

'एक दिन की बात है, वह जंगल से लकड़ी लाद कर चला आ रहा था कि उसे अत्यधिक तीव्र प्यास लगने लगी। जब सहन करना मुश्किल होने लगा और चलना भी भारी हो गया, तब उसने इधर-उधर निगाह दौड़ाई। कहीं भी पानी का स्रोत नहीं दिखा। उसे पता था कि धनिकों के घर में निवेदन करने से झिड़की और तिरस्कार ही मिलेगा, पानी तो कदापि न मिलेगा। तभी उसे ध्यान आया कि यहीं पास में शहर के किनारे पर एक ब्राहमण देवता रहते हैं। वह दरिद्र किन्तु सज्जन पुरुष हैं और अवश्य ही उसे पानी पिलाने में सहायक होंगे। यह विचार आते ही उसने उधर का ही पथ लिया।'

'अपनी स्मरणशक्ति के अनुसार सही जगह पहुँचने पर उसने देखा कि वहाँ कोई झोंपड़ी नहीं थी। अपितु उसके स्थान पर एक सुसभ्य और सुसंस्कृत सा घर बना हुआ था। उसे आश्चर्य हुआ और निराशा भी। तभी उसकी निगाह उस घर के भीतर की तरफ गई क्योंकि घर का द्वार खुला हुआ था। अंदर कुछ लोग विराजमान थे और कुछ पूजन सा चल रहा था। प्यास से बेहाल और चलने की क्षमता क्षीण होने के कारण उसने अंदर जाकर उन्हीं लोगों से जल की प्रार्थना करने का मन बनाया और लकड़ी का गट्ठर किनारे रख सीधा अंदर गया। अंदर जाकर उसका विस्मय और बढ़ गया। वही दरिद्र ब्राहमण महोदय पूजन में लीन थे। उनके वस्त्र भी पहले की अपेक्षा अधिक अच्छे थे। घर भी पुरानी झोंपड़ी की तुलना में कई गुणा बड़ा था। यह सब देख कर उसकी निराशा थोड़ी और बढ़ गई। तभी शायद उन्होंने उसे देख लिया और अपनी गद्दी से उठ कर उसकी तरफ आकर बोले, 'आओ मित्र, आज बहुत समय बाद इस ओर दिखाई दिए हो। कहो, सब कुशल मंगल तो है ना। बहुत क्लांत प्रतीत होते हो। बैठो मैं तुम्हारे लिए कुछ जलपान लेकर आता हूँ।'

'एक आश्चर्य मिश्रित संकोच के साथ वह भी अन्य सभी के साथ बैठ गया। कुछ जलपान कर उसके शरीर में वापस जान आई। तब तक पूजन में उसका भी मन रमने लगा था। आखिर आज उसकी नियमित दिनचर्या से कुछ अलग जो हो रहा था। पूजन उपरांत विप्र महोदय ने सबके साथ प्रसाद मिल-बाँट कर ग्रहण किया और सभी को विदा किया।

सबके चले जाने के बाद, लकड़िहारा पूछने लगा, 'विप्रवर, मैं तो यहाँ आते भयग्रस्त हो रहा था। आपके और आपकी झोंपड़ी के इस आमूलचूल परिवर्तन का रहस्य क्या है? और हाँ, आप यह किस का पूजन और किस प्रयोजन से कर रहे थे?'

'विप्रवर मुस्कुराए, 'पुराने मित्र को एक मित्र के यहाँ आने में डर या संकोच का क्या स्थान? यह सदैव आपके लिए खुला था और हमेशा खुला रहेगा। मैं एक मनुष्य पहले भी था और आज भी मनुष्य ही हूँ। यह सब जो तुम देख रहे हो, यह तो इस कलियुग की माया है। यह सब क्षणिक है और तभी तक है जब तक यह प्राण इस देह में विराजमान हैं। एक बार प्राण निकले, तब यह सब क्या साथ जाएगा?'

'आप एक सज्जन पुरुष थे और आज भी हैं, यह तो आपकी विनम्रता ने प्रमाणित कर ही दिया है। इतनी संपत्ति आने के बाद भी आपको रत्तीमात्र का घमंड नहीं हुआ यह सम्मान की बात है। लेकिन यह सब चमत्कार हुआ कैसे?'

'इसमें कोई चमत्कार नहीं है मित्र। यह केवल हमारी समझ का अंतर है। हम अपने आपको किसी एक परिस्थिति से इतना ज्यादा जोड़ लेते हैं, कि हमें उसके बाहर का संसार प्रतीत ही नहीं होता। जब संसार ही नहीं दिखता तब इस मृत्युलोक के पार देख पाने की कौन कहे। हम यह समझ ही नहीं पाते कि इस पूरे ब्रह्मांड में हमारा अस्तित्व नगण्य है। हम मात्र उस शक्तिशाली ऊर्जा का एक अंश हैं, जो इस समूचे ब्रह्मांड को चलायमान रखती है। इसी आत्म-केन्द्रीयकरण के कारण से हम जीवन का पूरा आनंद प्राप्त नहीं कर पाते और केवल 'मैं', 'मेरा', 'मुझे' में सिमट कर रह जाते हैं। हमें क्या मिला? क्या नहीं मिला? क्या मिल सकता था? किसके लिए प्रयत्न कम रहा? कल क्या मिलेगा? इत्यादि प्रश्नों के जाल में उलझ जाते हैं। इस संकुचित जीवन प्रणाली का हमारी सोच पर गहरा असर पड़ता है। हमारी सोच के असर से हमारे द्वारा छोड़ी जाने वाली या प्राप्त की जाने वाली ऊर्जा उसी प्रकार की ऊर्जा को परिवर्धित कर देती है। जिस कारण हम एक चक्रव्यूह में फंस कर रह जाते हैं और अनंत सत्य की उपेक्षा और अवहेलना कर देते हैं।'

'लकड़िहारे ने बीच में टोका, 'प्रभु आप ज्ञानी हैं। आपकी बातों में अवश्य ही सार होगा, बहुत गहरा होगा। किन्तु मैं तो एक सामान्य और साधारण मानव ठहरा। मुझे इतनी गूढ़ बातें समझ नहीं पड़तीं। कृपया इसको सरल भाषा में समझाने की कृपा करें, जिससे मेरा जीवन भी बदल सके। वैसे तो ईश्वर की कृपा से मुझे कोई कमी नहीं है, तथापि यह प्रतिदिन के एक से कार्यकलाप कुछ और सोचने या करने का समय ही प्रदान नहीं करते। मैं भी चाहता हूँ कि सदैव की उदर और क्षुधा की चिंता से मुक्त हो सकूँ और जीवन को संवार सकूँ, पर असफल रहता हूँ।'

'तुम्हारा कथन सत्य है। सुनो, 'मैं यह पूजन और प्रयोजन श्री सत्यनारायण जी के लिए कर रहा था। यह माना जाता है कि कलियुग में मनुष्य के लिए इस लोक से परे परलोक को समझने की क्षमता क्षीण होगी और इसी कारण उसका सारा ध्यान केवल अपने जीवन यापन तक सीमित हो जाएगा। मनुष्य अपने और अपने परिवार के अतिरिक्त कुछ नहीं सोच सकेगा।' ब्राह्मण देव बोले।'

'बात तो आपकी सही है देव। लेकिन मनुष्य करे भी तो क्या करे। जो भी सीमित समय है वह तो इन्हीं प्रयत्नों में निकल जाता है कि अपने और अपने परिवार का भरण-पोषण कैसे हो?'

'सर्वथा उचित बात कही है तुमने मित्र। यह तो एक गृहस्थ का सर्वप्रथम धर्म, कर्तव्य और कर्म है। यदि यह अधूरा रहेगा तो बाकी कुछ भी ना होगा। अच्छा एक बात बताओ मनुष्य कौन है? इस प्रकृति में उसका क्या स्थान है? कौन है जो इस जन्म, जीवन और मृत्यु के चक्र को संचालित कर रहा है?'

'यह आपने भली कही। अरे इस प्रकृति में 84 लक्ष योनियाँ हैं। मानव इन्हीं में से एक है। अब इतने में उसका स्थान होगा ही क्या? जहाँ तक जन्म-मृत्यु के चक्र का प्रश्न है, उसी को हम ईश्वर-देव बोलते हैं, पूजते हैं।'

'अपनी बातचीत के लिए हम लोग केवल संसार तक सीमित रहेंगे, ब्रह्मांड की बात कदाचित् ज्यादा व्यापक हो जाएगी। तुम पूर्णतया सही हो। जिसे हम ईश्वर या देव बोलते हैं, यही शक्ति है, ऊर्जा है जो इस संसार को चलाती है। इसी को हम परमात्मा भी कहते हैं। इसी का एक

अंश हम सबके अंदर विराजमान है, जिसे हम आत्मा बोलते है। जीवन शक्ति बोलते हैं। जैसे ही बाहरी शक्ति इसे बुला लेती है, हम मृत्यु को प्राप्त हो जाते हैं। अब यह बताओ कि जब कोई जातक जन्म लेता है तब उस समय आकाश में ग्रहों और तारों की स्थिति क्यों देखी जाती है? क्यों उसकी जन्म कुंडली बनाई जाती है?' ब्राह्मण महोदय ने पूछा।'

'अब लकड़हारे को इसमें रस आने लगा था। आज उसे कुछ नया सुनने, समझने और सीखने को मिल रहा था। जीवन की एकरसता टूट रही थी, बिखर रही थी, बदल रही थी। वह बोला, 'अब क्यों के बारे में हम क्या बोलें, लेकिन ग्रहों और तारों की स्थिति से उस जातक के भविष्य का पता चल जाता है। उसका भाग्य पता चलता है। लेकिन यह कभी-कभी गलत भी साबित होता है।'

'वह मुस्कुराए, 'तुमने सही कहा कि इससे भाग्य का पता चलता है किन्तु यह कभी-कभी असत्य भी प्रमाणित हो जाता है। इस सब के पीछे भी यही सारी ऊर्जा और हमारे मन की स्थिति होती है। ग्रहों, नक्षत्रों और ब्रह्मांड में व्याप्त और विचरित सभी प्रकार की ऊर्जा हमारी ऊर्जा के साथ मिल कर हमारे भाग्य की रचना करती है। जैसे-जैसे और जब-जब हमारी मनः स्थिति में बदलाव आते हैं, वैसे-वैसे ही हमारे भाग्य में भी कुछ बदलाव हो सकते हैं। हमारे कर्म और हमारे विचार हमारे मनोभावों को प्रभावित करते हैं। जब-जब हमारे अंदर सकारात्मक ऊर्जा का संचार होता है, हमारे द्वारा उत्सर्जित ऊर्जा में भी बदलाव होने लगते हैं और इसके प्रभाव से बाहर की गलत और खराब तरंगे हमारा शरीर ग्रहण करने से मना कर उन्हें परावर्तित करने लगता है। इसी वजह से हमारे भाग्य में भी बदलाव होने लगते हैं। इसी को हम कर्म और उसके फल कह कर पुकारते हैं।'

'उन्होंने वार्तालाप जारी रखते हुए आगे कहा, 'इसी ऊर्जा और शक्ति को सकारात्मक एवं सुचारु करने के लिए अपनी मनः स्थिति को अच्छी और संयमित स्थिति में लाना होगा, जिसका ही एक पर्याय है श्री सत्यनारायण का पूजन। यह हमें शक्ति प्रदान करता है कि हम अपने मन को जीविका और परिवार से इतर थोड़े बड़े परिप्रेक्ष्य में देखें और अपने मन और सोच की सीमा का घेरा बढ़ायें। अगर सब कुछ भाग्य

पर ही है तो फिर परेशान होकर क्या होगा? हम अपने आसपास प्रस्तुत प्रकृति के विविध दर्शन से अपने को क्यों अलग रखें और क्यों संकुचित होकर सिमट कर रह जाएं? एक बात और है जो अधिक महत्वपूर्ण भी है। प्रायः कलियुग की माया यही है। अपने जीविकोपार्जन के लिए और अपने परिवार के भरण-पोषण को ध्यान में रखकर हम कई बार असत्य का भी सहारा ले लेते है, जो तदन्तर हमारे मन को कचोटता है। यह उसके प्रायश्चित स्वरूप भी कार्य करता है। पर इस दिन हम सत्य का व्रत लेते हैं, शुद्ध एवं शांत चित से अपने निकट स्वजनों का साथ प्राप्त करते हैं। जिससे सबकी सामूहिक तरंगें वातावरण को सत्य और आनंद की सम्मिलित ऊर्जा से भर देती हैं। इस प्रकार इसका असर कई गुणा वर्धित हो जाता है। समुदायिकता की भावना चहुं ओर व्याप्त हो जाती है। सभी सभ्यताओं में किसी भी अवसर पर अपनों को निमंत्रण और भोज के पीछे भी यही विचार होता है। कुल मिलाकर इससे हमें सब तरफ से लाभ होता है। इस व्रत को स्वयं भगवान ने क्षीरसागर में देवर्षि नारद जी को बताया था, कलियुग की माया से विमुख होने और मन को शुद्ध करने का सबसे अच्छा उपाय भी इसे कहा गया है ।'

'आप धन्य हैं प्रभु। मैं आज ही यह प्रण करता हूँ, कि कल मुझे लकड़ी के व्यापार से जो भी आय होगी उससे मैं श्री सत्यनारायण का आह्वान करूंगा और कोशिश करूंगा कि इसमें निरन्तरता ला सकूँ। कृपया इसकी विधि भी विस्तार से बताने का कष्ट करें।'

'विप्र महाराज को बहुत खुशी हो रही थी कि आज वह एक और मनुष्य के जीवन में परिवर्तन का माध्यम बन रहे थे। कदाचित् प्रकृति द्वारा नियत उद्देश्य का कारक। उनके मन ने विचार किया कि शायद कलियुग में इसी को मुक्ति और मोक्ष कहते हैं, जब हम 'मैं' और 'मेरा' से ऊपर उठकर उस परम शक्ति की ओर कदम बढ़ाते हैं। सच है कि इसके प्रसार से असीम खुशी और शांति का अनुभव होता है। उन्होंने लकड़िहारे को सम्पूर्ण विधि विस्तार से बता दी। यह बताना वह नहीं भूले कि इस पूजन का मूल, मन की शांति और सत्य का व्रत है, अगर यह ऊपरी दिखावा रहा तो इसका कोई उद्देश्य नहीं हैं।'

--- *** ---

8

लकड़हारे की कथा

शौनकादि ऋषिगण पूरी तरह तन्मय होकर कथा को सुन रहे थे। वह पूरी तरह अभिभूत थे। उन्हें कथा के अतिरिक्त कुछ भी भान नहीं था। सूत जी के थोड़ा सा विश्राम लेते ही उनकी तंद्रा भंग हुई। वह बोले, 'हम लोग शब्दों में अपनी प्रसन्नता का आख्यान नहीं कर सकते व्यास जी। आपकी वाचन शक्ति और शैली के हम साक्षी बने, यह हमारे लिए सौभाग्य की बात है। कितने उच्च किन्तु सरल शब्दों में आप कथा का वर्णन कर रहे हैं। आपकी महिमा अपरंपार है। आपका आभार। साधुवाद। अब तक हमारे अंतर में उस लकड़हारे की कथा की जिज्ञासा जागृत हो चुकी है। क्या उसके अंदर की उन्मत्ता स्थिर रह पाई और वह इस व्रत का लाभ ले पाया? कृपया करके सब कथा विस्तार से सुनाइए।'

सूत जी ने मुसकुराते हुए आगे कथा इस प्रकार सुनाई, 'यही श्री सत्यनारायण की महत्ता है। इस कथा में इतना रस है, कि एक बार इसके संपर्क में आने वाला इसके सानिध्य से अलग होने की सोच ही नहीं सकता। यही उस लकड़हारे के साथ हुआ। विप्र महोदय का आभार व्यक्त कर वह उस दिन सीधा घर को ही पधारा। श्री सत्यनारायण जी के लिए किये गए प्रण के रोमांच ने उसे इतना अभिभूत किया था कि अगले दिन वह भोर होने से पहले ही उठ बैठा। उस दिन वह अपेक्षाकृत अधिक ही प्रसन्न था। इस आनंद ने उसकी विपन्नता और अक्षमता को मन से विस्मृत कर दिया था। वह नित्य कर्म से निवृत होकर सीधा वन की

तरफ चला। प्रण के उत्साह और आनंद की स्थिति से उसमें अतिरिक्त ऊर्जा का संचार हो रहा था। आज उसने हर दिन से कुछ ज्यादा ही लकड़ी का संचय किया और सीधा धनिकों के बाजार में व्यापार के लिए पहुँच गया। आज उसका मन अपने जीवन यापन के लिए धन प्राप्त करना नहीं था, अतः मन में कोई लक्ष्य नहीं था, कम या अधिक कोई सीमा नहीं थी। वह तो प्रभु, परम सत्ता, के प्रेम के सानिध्य में था। जो भी मिलेगा उचित मिलेगा, समुचित मिलेगा। जितना भी होगा आज तो सभी मिला कर पूजन अर्चन किया जाएगा। इस उत्फुल्लता से उसकी वाणी में आज मिठास था। उसके पास आने वाले सज्जनों ने जो भी मूल्य लगाए वह सहर्ष तैयार रहा। आज उसकी मनोवृत्ति मांगने की नहीं थी। जिसने जो दिया उसने उसी को देने वाले की सामर्थ्य के अनुसार माना और आह्लादित हुआ। परिणाम वश उसके ग्राहकों को भी उससे लकड़ी लेने में प्रसन्नता का अनुभव हुआ और अन्य दिनों की अपेक्षा उसकी सम्पूर्ण लकड़ी कुछ ही समय में ज्यादा आय के साथ समाप्त हो गई।'

'लकड़िहारे ने आनंदित मन से अपने गृह के लिए प्रस्थान किया। आज सुबह से अन्न का दाना ना मिलने के बाद भी उसको तनिक भी भूख या कमजोरी का आभास नहीं था। हाट और राह में उसने ब्राह्मण महोदय द्वारा बताई गई सब सामग्री यथानुसार जमा कर ली। घर आ कर उसने अपने निकट संबंधियों, सहवासियों और मित्रों को आदर सहित निमंत्रित किया। तत्पश्चात् श्री सत्यनारायण को उच्च आसान पर विराजमान कराकर आह्वान, सत्कार और सम्मान सहित पूजन किया। अंत में उसने प्रसाद वितरण कर स्वयं भी ग्रहण किया तथा सभी आमंत्रितों को सादर विदाई दी।'

'इस सम्पूर्ण प्रक्रिया में उसे असीम शांति और संतुष्टि की अनुभूति प्राप्त हुई। उसे यह अनुभव हुआ कि कोई किसी भी स्थिति में हो तथापि वह भी इतना सक्षम तो होता ही है कि किसी को कुछ दे सके, साझा कर सके, परोपकार कर सके। अपने आप को सक्षम मानने और साझा करने की प्रवृत्ति रखने वाला मनुष्य ही प्रसन्नता की अनुभूति महसूस कर सकता है। इसी चेतना को धारण करने पर ही वह स्वयं से इतर इस प्रकृति, सृष्टि और ब्रह्मांड की अपार ऊर्जा से साक्षात्कार कर पाया,

उसको समझ पाया। उसने यह संकल्प लिया कि भविष्य में भी वह हरसंभव प्रयास कर सत्य का पालन कर खुशी का अनुभव करता रहेगा और इस खुशी को अपने तक सीमित ना रखकर सब ओर फैलाता रहेगा।'

कथा के अंत में सूत जी महाराज बोले, 'यही मनुष्य की प्रकृति होनी चाहिए। कोई भी कैसी भी परिस्थिति हो अपने में कुछ अच्छाई तो समेटे ही होती है। बस करना यही है कि अपना ध्यान परेशानी से हटा कर उस अच्छाई पर केंदित कर सुख के अनुभव से आनंदित होना चाहिए। इसी तरह मुदित रहने से संतुष्टि मिलती है और एक संतुष्ट आत्मा ही प्रकृति, सृष्टि और ब्रह्मांड में व्याप्त उस ऊर्जा से संपर्क स्थापित कर परमात्मा से एकाकार हो सकती है।'

--- *** ---

९

राजा उल्कामुख और साधु वैश्य

इतना वाचन कर सूत जी महाराज ने थोड़ा विश्राम लिया। तदन्तर वह बोले, 'अभी तक मैंने आपको जो वर्णन सुनाया वह उन महापुरुषों का था जिन्होंने श्री सत्यनारायण यानी सत्य का महत्व समझ कर इसका आचरण किया और फलस्वरूप मृत्युलोक पर अपने जीवन को संवार कर अपने परलोक को भी सुधार लिया। किन्तु ऐसा कदापि नहीं है कि सभी मनुष्य इनके सही पक्ष को इतनी शीघ्रता से समझ जाएँ। मनुष्य की प्रवृत्ति ऐसी होती है कि किसी के भी द्वारा बताए हुए उपाय या कार्य को वह संकट के दिनों में तो स्मरण करता है किन्तु मनभावन फल प्राप्त होते ही फिर एक बार मानवीय प्रवृत्तियाँ और कमजोरियाँ सिर उठा कर सत्य पर हावी हो जाती हैं। ऐसे कुछ व्यक्तियों के बारे में समझना भी जरूरी है, जिससे कि हम जीवन में संतुलन बनाए रखने में सफल हों और जहां तक संभव हो इसके नकारात्मक पक्ष से दूरी बनाए रखें।'

'हे व्यास जी! यह बात आपने सर्वथा उचित कही है। कुछ भी हो इस घोर कलियुग में तुच्छ प्राणियों को अपनी मानवीय वृत्तियों को नियंत्रित कर अपने आपको संयम से संचालित करना एक अति दुष्कर कार्य होने वाला है। क्या सत्यनारायण, कलियुग और मनुष्यों के इस संबंध का विचार कर मनुष्य को उसके गलत आचरण के लिए क्षमा कर पाते हैं?'

'हे मुनिश्रेष्ठ, आपका भय कदाचित् अनुचित नहीं है। किन्तु यदि हम श्री सत्यनारायण का सार समझें तो पाएंगे कि उनके थोड़ी देर के पूजन और सानिध्य से ही यदि वर्षों के कुविचार अपना प्रभाव कम कर सकते हैं तो फिर उनके प्रति सत्य की अवहेलना का प्रभाव भी कितनी देर रहेगा। किन्तु यहाँ यह समझना उचित होगा कि यह अवहेलना मनुष्य ने पूरे संज्ञान में रहते हुए चेतन मन से की है, या मानवीय प्रवृत्तियों के वश में उसके अवचेतन मन द्वारा कोई गलत क्रिया हो गई है। श्री सत्यनारायण सर्वज्ञानी और अंतर्यामी कहे गए हैं। इसको आप समझें तो यही प्रकृति है, जो हमारे हर कार्य का इस ब्रह्मांड पर पड़ने वाले छोटे से छोटे प्रभाव को भी ध्यान रखती है और समय आने पर हमारे कर्मों के अनुसार ही परिणाम प्रदान करती है। आगे की कथा में आप इसको भली-भांति समझ जाएंगे।'

'हे नाथ, फिर देरी क्यों। शीघ्रता से कथा का आरंभ करें और हमारी जिज्ञासाओं को शांत करें।'

श्री सूत जी ने इस प्रकार आगे की कथा प्रारंभ की, 'प्राचीन भारत खंड में एक प्रतापी राजा उल्कामुख राज्य करते थे। वह धार्मिक प्रकृति के और सत्यवादी थे। इंद्रियों पर विजय प्राप्त करने के कारण उन्हें जितेंद्रिय कहा जाता था। वे प्रजा पालक थे और प्रजा हित हेतु ही सारे निर्णय लेते थे। उनकी बुद्धि और न्यायप्रियता के चर्चे प्रजा के कहानियों और किस्सों के अमिट हिस्से थे। इतना सब कुछ होने पर भी वह समय निकाल कर पूजा-पाठ व परोपकार में लगे रहते थे। इससे उन्हें शांति और संतुष्टि के साथ-साथ सत्य और कर्मिष्ठ रहने की शक्ति मिलती थी। सदैव आशा का संचार रहता था। मन में, उदासी या चिंता नहीं घेरती थी। फिर भी एक परेशानी उनको थी। विवाह के काफी समय बाद भी घर संतान की किलकारी से अछूता था। कोई और होता तो इसी चिंता में घुल जाता और वैसी स्थिति में राजपाट क्या संभाल पाता। किन्तु राजा उल्कामुख अलग थे। पूरे रम कर राज्य का कार्यभार संचालित करते और पूरी रम्यता के साथ ही भगवन भजन करते।'

'एक दिन राजन अपनी धर्मपत्नी के साथ भद्रशीला नदी के तट पर ब्राह्मणों के साथ भगवान सत्यनारायण का पूजन करने में व्यस्त थे।

उसी समय नदी के रास्ते एक वैश्य व्यापारी, जिनका नाम साधु था, उधर से भ्रमण करते हुए निकले। नदी किनारे पर होते पूजन ने उनको आकर्षित किया। नाव किनारे पर लगा कर साधु वैश्य उस पूजन में सम्मिलित होने के लिए आगे बढ़े और उपस्थित जनों के बीच बैठ गए। पूजन में कुछ ऐसा भाव और रस था जिसने उन्हें बांध कर बैठाए रखा। पूजन समाप्त होने, प्रसाद तथा भोग के बाद वह राजन से वार्ता करने के लिए रुके गए।'

'राजन के निवृत होने के बाद वैश्य महोदय ने पूछा, 'हे राजन, आपको यहाँ सार्वजनिक स्थान पर सामान्य जनों के साथ पूजा अर्चना करते आश्चर्य होता है। कहाँ आप और कहाँ सामान्य जन। कृपया इस विषय में मेरा मार्गदर्शन कीजिए।'

'राजन हँसते हुए बोले, 'हे पुत्र, भगवान अर्थात उस परमपिता, उस असीमित शक्ति के दरबार में कौन राजा और कौन सामान्य! इस सृष्टि में सभी जन समान हैं। सभी परमात्मा का अंश हैं। सभी एक ही धरती पर रहते हैं, समान जल और खाद्य का उपभोग करते हैं और एक ही वातावरण से प्राणवायु लेते हैं। सभी के अंतर में हृदय धड़कता है और उस असीम शक्ति और ऊर्जा के अंश को निरंतर प्रवाहित रखता है। इस प्रकार सभी समान हुए या नहीं। हम मनुष्यों में आपस में कोई अंतर प्रकृति ने नहीं किया तब हम मनुष्य क्यों करें। यह सब भी मनुष्य हैं, मेरी प्रजा हैं और पूजन का उतना ही अधिकार रखते हैं, जितना मैं एक राजा होकर। प्रकृति ने सभी के लिए इस लोक में आने पर कर्म और उद्देश्य नियत किया हुआ है। हमारा काम तो बस उस उद्देश्य की पूर्ति के लिए कर्म में लगे रहना है, श्रम करते रहना है।'

'साधु वैश्य ने थोड़ा असमंजस में कहा, 'हे नाथ, आपका कथन उचित है और एक प्रजा पालक राजा और आपकी गरिमा के अनुकूल है। एक जिज्ञासा और है हमारी। इस पूजन में बैठ कर मैंने वह अनोखी शांति और संतुष्टि महसूस की है, जो वर्षों से व्यापार करते और अथाह पैसा अर्जित करते हुए भी कभी नहीं की। कृपया बताने का कष्ट करें कि आप यह किन का पूजन कर रहे थे और किस उद्देश्य से?'

'राजा उल्कामुख मुस्कुराए, 'इसमें तुम्हारा कोई दोष नहीं पुत्र। यही हमारी मानवीय प्रवृत्तियां हैं। हम इंद्रियों के वश में भौतिक वस्तुओं और सुखों को ही सम्पूर्ण मान लेते हैं। धीरे-धीरे यह भौतिक सुविधाएं और उनसे प्राप्त होने वाला क्षणिक सुख, लिप्सा में बदल जाता है। हम अधिक से अधिक अर्जित और संचय करते रहने की ओर प्रेरित होते हैं। कोई भी सीमा हमें संतुष्ट नहीं कर पाती है। हमें हमेशा यह कम ही लगती है। आगे चलकर असीमित अर्जन की चाहत में वस्तुतः हम सत्य से दूर होकर असत्य का सहारा लेने लगते हैं और अपने मन में अनजाने में ही असंतुष्टि और अशान्ति को स्वतः ही स्थान दे देते हैं। यह हमें चारों ओर से घेर लेता है, जिसे भेद पाना हमारे अपने बस में भी नहीं रह पाता है। अंततः हम इसको तोड़ने के प्रयत्न करने की अपेक्षा इसी चक्रव्यूह में अपना पूरा जीवन व्यतीत कर देते हैं और उस उद्देश्य को समझ ही नहीं पाते हैं जो प्रकृति ने हमारे लिए नियत किया हुआ होता है। इसी चक्रव्यूह को तोड़ने की शक्ति प्रदान करने वाले श्री सत्यनारायण का यह पूजन हम लोग कर रहे थे। श्रद्धा और प्रियजनों के साथ श्री सत्यनारायण का आह्वान कर सत्य व्रत के साथ उनके पूजन में संलिप्त होना ही इस जंजाल से छूटने का उपाय है कलियुग में। इससे मन से असंतुष्टियाँ दूर होती हैं, चिंताएं पीछे छूट जाती हैं और आशा की किरण जाग जाती है। हम अपने उद्देश्य के प्रति जागरूक हो पाते हैं और बाकी सब नियति पर छोड़ कर भौतिकतावादी लिप्साओं से परे हो जाते हैं। कहने को तो मुझे कोई संतान न होने का दुःख है और पूजन के उद्देश्य में यह आशय भी छिपा रहता है, तथापि पूजन से प्राप्त शक्ति से मैं उसे आसानी से सहन कर पाता हूँ और ध्यान भटकने से बच जाता है।'

'यह सुन कर साधु वैश्य बहुत प्रसन्न हुआ, कारण उसके भी कोई संतान नहीं थी जो एक बड़ी चिंता का विषय था। उसने पूछा, 'बहुत ही प्रसन्न करने वाली बात की है आपने राजन। मेरे भी कोई संतान नहीं है और विचार होता है कि इससे बड़ा दुःख इस संसार में कोई और हो ही नहीं सकता है। क्या आपको विश्वास है कि श्री सत्यनारायण आपकी इस आशा को पूर्ण करेंगे?'

'राजन को साधु की बात पर हल्की हँसी आ गई, 'श्री सत्यनारायण सब कुछ कर सकते हैं। वह अंतर्यामी और सर्वशक्तिमान हैं। उनसे कुछ आशा ना कर बस अपने आप को उनको सौंप देना है। उनके अनुसार यानी सत्य का आचरण करना है। हर हाल में प्रसन्न रहना है। बाकी सब प्रकृति और नियति के अनुसार होता है और होता रहेगा। हाँ यह जरूर है कि हमारे मन की ऊर्जा की सकरात्मकता इसमें सहायता करती है और कार्य होने में शीघ्रता होती है, केवल विश्वास बनाए रखना चाहिए।'

'मैं आपका आशय समझ रहा हूँ और अपना आचरण इसी अनुसार करने की पूरी चेष्टा करूंगा। कृपया आप मुझे इनके पूजन और अर्चन की विधि विस्तार पूर्वक बताने का कष्ट करें।'

'पुत्र, मेरा आशीष तुम्हारे साथ है। मैं प्रार्थना करूंगा कि तुम अपने उद्देश्य में सफलता प्राप्त करो। यह प्रसाद लो और अपनी पत्नी को भी इसमें भागी बनाओ। उस परम सत्ता के आशीर्वाद से तुम्हारा जीवन सफल होगा।' इतना बोलकर राजन ने सम्पूर्ण विधि समझा दी साधु वैश्य को।'

--- *** ---

10

खुशी और अनादर

'साधु वैश्य प्रसन्न मन से अपने घर पहुंचे और पत्नी को सम्पूर्ण प्रकरण की जानकारी दी। पत्नी लीलावती स्वतः धार्मिक प्रकृति की महिला थीं। वह विदुषी थीं। उनको यह जानकर अति प्रसन्नता हुई कि उनके पति का भी इस तरफ लगाव जागृत हुआ है। उन्होंने पूरी श्रद्धा से प्रसाद ग्रहण किया और मन ही मन प्रार्थना की कि पति की इच्छा पूर्ण हो।'

'सब कार्य निबटा कर उस दिन दोनों जब शयन कक्ष में पहुंचे तो पति खुशी-खुशी देर तक उस पूजन और वहाँ व्याप्त सकारात्मक ऊर्जा तथा आनंदमय वातावरण के बारे में पत्नी को बताता रहा। बताते समय उसके चेहरे पर उल्लास, रस, संतोष और संतुष्टि के भाव साफ दिख रहे थे। पत्नी अपने पति के इस रूप पर रह-रह कर मोहित हो रही थी। उनके बीच आपसी प्यार के अंकुर पल्लवित हो रहे थे। पति ने बताया कि श्री सत्यनारायण की आराधना और पूजन में कुछ तो ऐसा था जिसने मुझे न केवल नदी से तट की ओर खींचा अपितु इतनी देर सम्मोहित करके बाँधे रखा। राजन ने भी जो गूढ़ बातें बताईं उनमें भी काफी सार लगा। हम लोग भौतिक सुख को जरूरत से ज्यादा महत्व दे देते हैं। राजन के भी कोई संतान नहीं है और उनके पूजन के उद्देश्यों में यह भी एक मुख्य उद्देश्य था। यह समझ पाना संभव नहीं है कि पूजन करना इस ओर सहायता करेगा या नहीं, किन्तु राजा पूरी तरह आश्वस्त दिख रहे थे। मुझे लगता है हम को भी यह फल मिल सकता है। तुम्हारे क्या विचार हैं

इस विषय में?'

'लीलावती बोली, 'इसमें कोई संदेह नहीं है कि हम सभी मनुष्य किसी बाहरी शक्ति के द्वारा संचालित होते हैं। इसी को हम भगवान या ईश्वर कह लेते हैं, विधि या नियति कह लेते हैं। धर्म हमारे अंदर आशा का संचार करता है। उस परम शक्ति पर विश्वास करना सिखाता है। नियति पर निर्भर रहते हुए भी कर्म को प्रेरित करता है। कर्म तो हमें ही करने होते हैं। किन्तु मेरा मानना है कि यही आशा और विश्वास हमें सत्कर्मों की ओर आकर्षित करता है, उत्साहित करता है। हमें गलत कर्मों, जिनसे किसी अन्य व्यक्ति, समाज, प्रकृति, धरती या ब्रह्मांड को किसी भी प्रकार की क्षति पहुंचे, में लिप्त होने से विमुख करता है। कदाचित् यही सिद्धांत पुण्य और पाप या फिर स्वर्ग और नर्क को परिभाषित करता है। हमारे कर्म ही हमारे जन्मों और भविष्य को निश्चित करते हैं, सीमांकित करते हैं, स्थापित और सिद्ध करते हैं। हम इसी आशा और विश्वास के बंधन में नियति या प्रारब्ध कहकर कठिनाइयों को सहन कर पाते हैं। फिर भी यह माना जाता है, कि कर्मों में भविष्य को परिवर्तित करने की क्षमता होती है। यही शक्ति हमें धर्म-संस्कार-कर्म-पूजन इत्यादि से प्राप्त होती है। प्रतीत होता है कि श्री सत्यनारायण का आह्वान, प्रतिस्थापन और पूजन इस शक्ति को परिवर्धित कर और अधिक तथा शीघ्र लाभ देने में सक्षम है। ऐसा कदाचित इस कारण होता होगा, क्योंकि इस अवधि में हम भी पूरी तरह सत्य का आचरण करते हैं जो इस प्रभाव को गुणित कर देता होगा। आपको तो इस ओर कभी विश्वास ही नहीं हुआ और आप सदैव पूजा-पाठ से विमुख केवल अपने व्यापार और भौतिक सुखों में ही लिप्त रहे। यह रुचिकर है कि आपको इसका रस चखने का और ऊर्जा को अनुभव करने का अवसर प्राप्त हुआ। आपका इस ओर रुझान जागृत हुआ है यह सौभाग्य की बात है। मेरा पूर्ण विश्वास है कि यदि हम लोग भी सच्चे मन से श्री सत्यनारायण का आह्वान करें तो निश्चय ही संतान की प्राप्ति तथा अन्य सुख प्राप्त हो सकते हैं। मुझे तो इसमें तनिक भी संदेह नहीं है।'

'इस वार्तालाप और सत्यनारायण के विश्वास ने उनके मन में संतान का मोह जगा दिया था। किन्तु फिर भी साधु वैश्य पूर्णतः विश्वास

कर अपने को समर्पित नहीं कर पा रहा था। वह पहले प्रमाण चाहता था। अतः वह बोला, 'तुम्हारे सभी कथनों में मुझे सार और सार्थकता दृष्टिगोचर होती है, इसमें संदेह नहीं। किन्तु मन के संशय पूरी तरह नहीं जाते हैं। हो तो सकता है कि हमें फल में संतान की प्राप्ति हो। अगर श्री सत्यनारायण की कृपा से हमें एक कन्या भी प्राप्त होगी तब हम पूरे सम्मान, धूमधाम और सजधज के साथ उनका आह्वान कर पूजन अर्चन करेंगे, ऐसा मैं प्रण करता हूँ।'

'यह कहते कहते साधु वैश्य को संज्ञान हो आया कि उन्हें संतान तो चाहिए थी किन्तु क्या वह इस क्रिया में इसी उद्देश्य से कभी भी रत हुए थे? शायद नहीं! उन्हें व्यापार की लिए दिनों क्या, महीनों गाँव-घर से बाहर रहना पड़ता था। जब कभी वह घर आते, तब उन्हें शारीरिक और मानसिक इच्छाओं के चलते यह एक जरूरत, नियमित और सामान्य क्रिया लगती, जिसमें भूख को तृप्त करने की भावना ज्यादा रहती। हालांकि युगल में आपसी प्रेम और विश्वास की न्यूनता किसी भी प्रकार नहीं कही जा सकती थी, तथापि इस क्रिया में सम्मान और प्रेम की उपस्थिति शायद केवल कथन मात्र को ही प्रस्तुत रहती थी। प्रकृति की पुनर्जनन श्रृंखला में भागीदारी तो कहीं थी ही नहीं। बस किसी तरह मन को शांत कर लिया जाता। इसे वासना की संज्ञा देना गलत या अतिशयोक्ति हो सकता है तो भी सच्चा काम कम से कम अनुपस्थित ही कहा जाएगा। काम में आपस में प्यार होता है, दोनों व्यक्ति परस्पर पूर्ण और स्वतंत्र इच्छा से इसमें सम्मिलित होते हैं और बराबर का योगदान कर संतुष्टि प्राप्त करते हैं। इसी में जब संतान प्राप्ति की भावना प्रबल रहती है, तब युगल में आपस में सम्मान होता है, प्रेम होता है, हृदय वात्सल्य से परिपूर्ण होता है। यह सब कारक मिल कर मन में भाव भी उसी तरह के उत्पन्न करते हैं जिससे शरीर के अंदर समानांतर क्रियाएं स्थान लेकर दोनों के द्रव्यों की युति से प्राकृतिक पुनर्जनन की ओर अग्रसर होती हैं। श्री सत्यनारायण तो भावना के लिए ही लालायित रहते हैं। उस समय उस वैश्य के अंतर में उठते विचारों में मन की पीड़ा थी, सत्यता की झलक थी, पत्नी के प्रति प्रेम और सम्मान था, प्रतिबद्धता थी और एक वंशज की चाह थी। कदाचित् उस क्षण की

इसी सत्य के प्रति निष्ठा ने उसके अंतर को शुद्ध कर दिया था। सही दिशा में चलने के लिए उस समय की यह क्षणिक निष्ठा भी बहुत थी।'

'यह सब याद आते ही और इतनी देर पत्नी से वार्तालाप करके आज उनके मन में काम का वास हुआ था। उन्हें वह क्रिया केवल शारीरिक या मानसिक इच्छा की पूर्ति के लिए नहीं करनी थी। आज उनके मन में कुछ और था। वह प्रकृति के जीवन चक्र को चलायमान रखने के वृहद उद्देश्य, संतान की अपनी दबी हुई इच्छा और आपसी सम्मान, प्यार, विश्वास व इच्छा से प्रेरित दो जीव एक आत्मा के रूप में मिलन के लिए आतुर थे। आज काम के साथ-साथ वात्सल्य भी उमड़ रहा था उनके अंतर में।'

'समय की गति को कौन समझ पाया है। उस दिन उन दोनों की इच्छा पूर्ति हुई और नौ माह का समय व्यतीत होने पर लीलावती ने एक सुंदर, सुशील और स्वस्थ कन्या को जन्म दिया। उस युगल ने कन्या का नाम चंद्रमा की कलाओं से प्रेरित होकर कलावती रखा। पत्नी लीलावती ने सत्य व्रत के साथ श्री सत्यनारायण के पूजन का प्रस्ताव रखा। उद्देश्य की पूर्ति के बाद किये गए प्रण को भूल जाना साधारण मनुष्य की मनोवृत्ति होती है। साधु वैश्य भी तो एक आम जन था, व्यापारी था। उसने बात बनाई कि कितने ही महीनों से वह व्यापार के लिए कहीं नहीं गया है, आय शून्य है और व्यय भरपूर। फिर कन्या के जन्म समारोह और भोज पर भी कितना अधिक व्यय किया जा चुका है। अतः इस समय पूजन का विचार उचित नहीं है। कुछ समय व्यापार कर कुछ धन अर्जित कर लिया जाए, तत्पश्चात् कन्या के विवाह के अवसर पर पूरे ठाठ से पूजन अर्चन किया जाएगा। इस प्रकार वह वाकचातुर्य और छल से अपने प्रण से हट गया।'

'वह दोनों सद्-इच्छा और स्नेह से कन्या का पालन पोषण करने लगे। कन्या भी अपने नाम के अनुसार चंद्रमा की कलाओं की तरह बढ़ने लगी। उसके लिए हर प्रकार का उचित और उत्कृष्ट विद्या उपलब्ध कराई गई। कलावती ने भी विद्या अर्जन पूरे चाव और तीव्र गति के साथ किया। वैश्य युगल कन्या को बढ़ते देख खुश होता रहता। पत्नी ने कई बार व्रत की याद दिलाई लेकिन हर बार चतुर वैश्य ने बात बनाकर

टाल दिया। तदन्तर कन्या के विवाह योग्य होने पर साधु वैश्य ने पत्नी की सलाह के साथ एक सुयोग्य वर के साथ उसका विवाह निश्चित कर दिया। समय आने पर विवाह समारोह पूरी धूमधाम, चमक-दमक के साथ साधु वैश्य की सामाजिक प्रतिष्ठा के अनुरूप सम्पन्न हुआ। धर्मशील और विदुषी पत्नी ने विवाह के समय भरपूर नैतिक दबाव के साथ व्रत-पूजन करने के प्रण का स्मरण कराया। किन्तु धन और असत्य के मद में चूर, साधु वैश्य ने पुनः उपेक्षा कर दी और अपने जामाता के साथ दूर देश में व्यापार करने के लिए निकल गया।'

--- *** ---

11

दूर देश में कष्ट

'प्रकृति कब किस तरह आचरण करती है, इसका पूर्वानुमान तो आम मनुष्य को हो ही नहीं सकता। किन्तु व्यक्ति के अंतर और अवचेतन मन की रचना कुछ इस प्रकार से की गई है कि वह असत्य के साथ अधिक समय तक समायोजित नहीं रह सकता। प्रकटतः तो मनुष्य अपने को भौतिक सुखों और उनकी उत्तरोत्तर वृद्धि से सुखी और संतुष्ट दिखाने में व्यस्त रहता है किन्तु अंतर में आत्मा को असत्य से कष्ट होता ही है। हालांकि मनुष्य उसकी प्रकट में अवहेलना करके यही विचार लेता है कि उसको कोई व्यथा, पीड़ा, ग्लानि या पछतावा नहीं है। यह स्थिति तब तक चलती है, जब तक वह मनुष्य किसी कठिनाई से साक्षात्कार कर किसी भौतिक पीड़ा को प्राप्त नहीं होता। यह वह समय होता है जब मनुष्य को अपने द्वारा किये गए गलत कर्म याद आते हैं, अंतर में पीड़ा पँहुचती है और कालांतर में यह किसी ना किसी रूप में पछतावे और पश्चाताप का कारण बनते हैं। इसीलिए समझदार मनुष्य सत्य के साथ रहकर इस स्थिति पर पहुँचने से पहले ही संभल जाते हैं और पतन की गहराई तक पहुँचने से अपने को बचा लेते हैं। किन्तु दूसरी ओर लालची मनुष्य इसके विपरीत व्यवहार करते हैं। उनके अंदर लालसा और लिप्सा उत्तरोत्तर बढ़ती जाती है और वह एक के बाद एक गलत कार्य में लिप्त होते जाते हैं। कहा भी जाता है, कि एकमात्र सत्य का रास्ता ही ऐसा रास्ता है जहां हमें अपने अतीत की खुशनुमां स्मृतियाँ ही

याद रहती हैं। बाकी कुछ या तो होता ही नहीं है या इतना गौण हो जाता है कि अवचेतन मन उसको एकत्रित कर सहेजने की आवश्यकता ही नहीं समझता। दूसरी ओर अशुद्ध, अनुचित, अनुपयुक्त और दोषपूर्ण व्यवहार युक्त हरएक गलत कर्म को अवचेतन मन सहेज लेता है, जो कालांतर में कष्ट से भिन्न कुछ दे ही नहीं सकता है।'

'ऐसा ही कुछ प्रसंग इस व्यापारी द्वय के साथ विदेश में घटा। उन्होंने एक दूसरे देश में पहुँच कर संध्या समय नगर के बाहर एक सुनसान स्थान पर अपना शिविर लगाया तथा प्रातःकाल नगर में प्रवेश करने का निश्चय किया। अभी वह लोग निवृत होकर शयन के लिए प्रस्थान करने ही वाले थे, कि उन्हें कुछ आहट सुनाई दी। जैसे कुछ व्यक्ति भागते हुए आते थे। कौतूहल वश, यह लोग उधर देखने लगे। देखा कुछ प्राणी कूदते और दौड़ते हुए आए तथा कुछ वस्तुएं पास की एक झाड़ी की ओर उछाल कर अंधकार में लुप्त हो गए। ऐसा कोई भी व्यक्ति, जो सत्य के साथ होता, किसी दूसरे की संपत्तियों से कोई सरोकार न रखता और अपने कार्यों में व्यस्त रहता। किन्तु यहाँ उन दोनों को तो मुद्रा का लालच था। उन्हें झाड़ी के पास जा कर उस सामान की जांच करना उचित जान पड़ा। उन्होंने जैसे ही गठरियों को खोला तो आँखे फैल गईं। उनमें आभूषण, रत्न तथा अन्य कीमती सामान नजर आया। उन्होंने इधर-उधर देखा और यह पाकर कि कोई नहीं देखता है, उसको वापस बांधने लगे। उसी समय राजा के सिपाही उन चोरों का पीछा करते हुए वहाँ पहुँच गए। उन्होंने वहाँ की स्थिति देख उन दोनों को ही डाकू समझ अपनी अभिरक्षा में ले लिया और चल दिए। व्यापारियों का कोई भी वक्तव्य और स्पष्टीकरण वह सुनने को तैयार ना थे। व्यापारियों का अपना सामान भी पीछे छूट गया। प्रातः काल उन्हें राज दरबार में उनसे अधिग्रहित राजमहल से चोरी गई संपत्ति के साथ प्रस्तुत कर दिया गया। सिपाहियों ने वक्तव्य किया कि उन्होंने उन दोनों को चोरी गए सामान के साथ नगर से बाहर झाड़ियों के मध्य रंगे हाथों पकड़ा है। देखने में दोनों चोर नहीं दिखते हैं और यह अपने आप को व्यापारी बताते हैं। किन्तु हमारा विचार है कि यह स्पष्टीकरण इनकी कोई चाल है अपने आप को बचाने की। क्योंकि हमने इन्हें संपत्ति को बांधते हुए पकड़ा है।

अतः इनकी चिकनी चुपड़ी बातों का संज्ञान न लेते हुए इन्हें उचित दंड दिया जाना उचित है ताकि यह लोग चोरी जैसे निंद्य कर्म को कदापि न करें। इसके प्रमाण स्वरूप इनके पास से प्राप्त सभी वस्तुएं आपके समक्ष प्रस्तुत हैं, जो सभी आपकी या राज्य की हैं।'

'सिपाहियों द्वारा किए गए वक्तव्य से यह दोनों भयग्रस्त हो गए। तथापि उन्होंने पुनः अपनी वास्तविकता और रात हुए पूरे प्रकरण की सत्य कथा सुनानी चाही। किन्तु राजा चंद्रकेतु ने आवेग वश, उन दोनों को कठिन कारागार में डालने का आदेश पारित कर दिया।'

'इस घटना को एक लंबी अवधि व्यतीत हो गई। शनैः-शनैः साधु वैश्य को अपने मुक्त होने की आशा क्षीण होती गई। अपने घर को सूचित करने का उनका कोई भी उपाय सफल नहीं हो पाया। दोनों कारागार में रोते रहते, एक दूसरे को सांत्वना देते रहते और प्रतिदिन कोई नया उपाय सोचते रहते। राजा चंद्रकेतु को कोसते। मन ही मन उनकी समझ और न्यायप्रिय यश पर प्रश्न उठाते। एक बार राजन को हमारा पक्ष सुनना तो चाहिए था। हमारे साथ अपने कर्मचारियों को भेज कर नगर के बाहर रखे हमारे सामान का अनुसंधान तो करवाना चाहिए था। एक राजा के लिए यह शोभा नहीं देता कि वह केवल एक पक्ष की बात सुन कर निर्णय सुना दे। किन्तु वे दोनों अपनी वेदना को आपस में साझा करने के अतिरिक्त कर भी क्या सकते थे। केवल अपने रोष की तीव्रता थोड़ी कम कर लेते थे, जिससे देह, मस्तिष्क और दिल की अग्नि थोड़ी कम होकर जीवन की आस बनाए रखती। अन्यथा वह अंतर से निराश हो चुके थे। मन बुझ चुके थे। उनके तन और मन दोनों शक्तिहीन होने प्रारंभ हो चुके थे। घर की स्थिति की चिंता भी लगी रहती। इधर हम परेशानी में हैं, जिससे निकलने का कोई उपाय नहीं समझ आता और उधर घर में पता नहीं पत्नी और पुत्री की स्थिति क्या है! अब तो उनके पास भी जीवन यापन के साधन कम होते जाते होंगे!'

--- *** ---

12

पत्नी व पुत्री का ज्ञानोदय

इतनी कथा सुनकर ऋषिगण बोले, 'उनको अपनी लिप्सा और किए गए प्रण का पालन न करने का सही ही फल मिल रहा था। सही कहा गया है कि कर्मों का फल शक्तिशाली होता है और उसे भोगना ही पड़ता है।'

शौनक जी ने कहा, 'यह तो सत्य और उचित है, किन्तु सूत जी की बातों से यह आभास मिलता है कि साधु वैश्य और उनके जामाता को अपनी भूल का आभास होने लगा था और उनका ज्ञानोदय निकट था। क्यों महात्मन, क्या मेरा कथन उचित है?'

सूत जी हँसते हुए बोले, 'आप दूरदर्शी और दिग्दर्शी हैं, महात्मा हैं, आपका कथन सर्वथा सही है। किन्तु इसके पहले हम उनके घर की स्थिति के विषय में जानकारी का व्याख्यान करते हैं।

'वास्तव में उधर घर में भी सब गड़बड़ हो रखा था। वैसे तो दोनों महिलायें सजग और चतुर थीं तथा घर की व्यवस्था उचित प्रकार से मितव्ययता से पूरा करती थीं, जिससे यदि उन दोनों को व्यापार से वापस आने में विलंब भी हो तब भी किसी परेशानी का सामना न करना पड़े। किन्तु उन लोगों को अकेला देख कर एक दिन संयोग से चोरों ने धावा बोला और बहुत कुछ बांध कर ले गए। अब वित्तीय संकट ने उन्हें परेशान कर दिया और वह भिक्षा पर निर्भर रहने लगीं। ऐसे ही एक दिन

कन्या कलावती भिक्षा के लिए इधर-उधर भटक रही थी। तभी उसने देखा कि एक ब्राह्मण के घर में पूजन अर्चन हो रहा है। परेशानी में त्रस्त वह कन्या कौतूहल वश कुछ समय की शांति प्राप्त करने के उद्देश्य से उस पूजन में जा कर बैठ गई। एक आसन पर श्री सत्यनारायण जी विराजमान थे और उपस्थित जन उनका पूजन करने में व्यस्त थे। वहाँ के वातावरण में उस कन्या को एक सकारात्मक ऊर्जा की अनुभूति हुई जो लंबे समय से उसके जीवन से लुप्त थी। उस रमी हुई कन्या ने वहाँ एक लम्बा समय व्यतीत कर दिया, जैसे उसे समय का भान ही न रहा हो। पूजन समाप्त हुआ और प्रसाद वितरित किया गया। प्रसाद पा कर उसे समय का आभास हुआ। बाहर शाम रात्रि में बदलने को तैयार थी। तथापि पूजन से मिली शांति उसके लिए अहम थी। उसने यजमान विप्र महोदय से पूजन के बारे में जानकारी एकत्रित की। किसका पूजन था? पूजन का उद्देश्य क्या था? विधि क्या है? इत्यादि! प्रसाद पा कर कन्या सीधे घर को पहुंची। वहाँ उसने अपनी माँ को उसकी राह में व्याकुल पाया। उनके चेहरे पर चिंता की रेखाएं साफ झलक रही थीं। लीलावती ने प्यार मिश्रित झिड़की से डांटते हुए कहा, 'बेटी इतनी रात्रि तक बिना किसी उचित प्रयोजन के घर से बाहर रहना उचित नहीं है। किसी संकट से सामना हो सकता है। तुम सदैव ही समय से वापस आ जाती हो। फिर आज क्या कारण है कि तुमको मात्र विलंब ही नहीं अति विलंब हुआ है। सब कुछ ठीक तो है? यहाँ मैं कितनी देर से चिंता में थी।'

'कलावती ने अपना कथन इस प्रकार किया, 'आदरणीय माता, आपका चिंता करना, परेशान होना पूर्णतया उचित है। यह आपकी मेरे लिए ममता और अनुराग का प्रमाण है। मैं धन्य हूँ आप को माता के रूप में प्राप्त करके। दोष मेरा ही है। किन्तु पूर्णतया नहीं भी। आज भिक्षाटन के लिए जब मैं द्वार-द्वार घूम रही थी, एक दर पर मैंने पूजन अर्चन होता हुआ पाया। उस पूजन में कुछ चुंबकीय शक्ति थी, जिसने मुझे अपनी ओर आकर्षित ही नहीं किया, अपितु लम्बी अवधि तक बांधे रखा। मैं उसमें ऐसी लीन हो गई कि समय का आभास ही नहीं रहा। मुझे क्षमा करें मातेश्वरी। भविष्य में मैं इस ओर पूर्ण ध्यान रखूंगी।'

'इस प्रकार सुनते ही लीलावती का सम्पूर्ण क्रोध और चिंता किसी बुलबुले के फूटने सरीखे खत्म हो गई। उस विदुषी, धार्मिक और सात्विक नारी को एकाएक ध्यान हो आया वह समय जब पतिदेव भी इस प्रकार के सम्मोहन में बँधे श्री सत्यनारायण के पूजन में सम्मिलित होकर आए थे। उसे ज्ञात था अपने पति का श्री सत्यनारायण को किया गया प्रण और फिर सत्य के प्रति अनासक्ति की लम्बी अवधि। ईश्वर की सत्ता में विश्वास रखने वाली लीलावती, भोलेपन से बोली, 'कन्ये, तुम्हारा व्यवहार कदाचित अनुचित नहीं कहा जा सकता है। बल्कि तुमने अनजाने में ही अपने ऊपर आई परेशानियों के कारण को उजागर कर दिया है। तत्पश्चात् माता ने उसके जन्म के पूर्व से तब तक की पूरी कथा उसे विस्तार से बताई। साथ ही यह भी कहा कि उसे पूर्ण विश्वास है कि तुम्हारे पिता द्वारा श्री सत्यनारायण का अनादर ही कदाचित् उनके बुरे दिनों की वजह है। प्रतीत होता है कि वे भी किसी संकट में हैं, इसी कारण इस बार जाने के बाद से वह भी कोई समाचार नहीं भेज पा रहे हैं। उनके गमन की अवधि भी सामान्य से अधिक हो चुकी है।'

'पूरी कथा सुनने के पश्चात कलावती ने बताया, 'जिस पूजन ने मुझे बांधे रखा था, वह भी श्री सत्यनारायण का ही आराधन था। कदाचित पूजन ने मुझे भी उसी प्रकार सम्मोहित करके रखा, जैसा अभी आपने पिताश्री के संबंध में बताया। मुझे थोड़ी देर इस वजह से भी हुई क्योंकि पूजन के बाद मैं विप्र महोदय से सारी जानकारी एकत्रित करने और अपनी जिज्ञासाओं को शांत करने के लिए रुकी रही।'

'लीलावती और कलावती ने यह निश्चय किया, कि उनके पति या पिता ने भले ही प्रण पूरा न किया हो, वह दोनों अपनी ओर से नियमित उनका आह्वान और पूजन करेंगी। कुछ और न सही, इससे उनके जीवन में कुछ स्थिरता और शांति का संचार तो होगा। वह दोनों अपने प्रण की पक्की थीं और अपनी नित्य क्रिया में से श्री सत्यनारायण के आह्वान और पूजन का समय निकाल ही लेतीं थीं।'

--- *** ---

13

पश्चाताप, मुक्ति एवं पुनः मिथ्याचारण

व्यास गद्दी पर विराजे सूत जी बीच-बीच में कुछ सामान्य ज्ञान भी सम्मिलित करते जाते थे। श्री सूत जी ने आगे कथा कहते हुए कहा, 'हमारे अंदर रहने वाला सूक्ष्म जीव यानी कि आत्मा बहुत शक्तिशाली होती है, वह अनूकूल और प्रतिकूल, दोनों ही प्रकार की भावनाओं को शीघ्र ही अंगीकार कर लेती है। हमारा मन फिर उसी के अनुसार तरंगे प्रेषित और ग्रहण करने लगता है। यह तरंगों का आदान-प्रदान केवल हमारे और अनंत शून्य के बीच ही नहीं अपितु हमारे और दूसरे मनुष्यों के बीच भी होता है। इस दूरसंवेदना को हमारे आसपास उपस्थित मनुष्यों की तो क्या कहें, दूरस्थ बैठे मनुष्य भी इसको प्राप्त कर विश्लेषण कर सकते हैं। आप ऋषिगण तो यह जानते ही हैं और तप तथा साधना के द्वारा इस क्षमता को असीमित स्तर तक विकसित भी कर पाते हैं। आम मनुष्य इस प्रक्रिया का भाग तो बनता है, क्योंकि उसका सूक्ष्म शरीर अवचेतन मन के माध्यम से यह कर लेता है, किन्तु प्रकट में वह इसको नहीं समझ पाता है और न ही इसकी गूढ़ भाषा का विश्लेषण कर पाता है। इसी को संभवतः कालांतर में भविष्यवाणी की संज्ञा दे दी गई होगी।'

उन्होंने अपना कथन जारी रखा, 'यहाँ भी कुछ ऐसा ही हुआ। इसको दूर संवेदना कहें या कदाचित गृह लक्ष्मियों के द्वारा किए जाने वाले

पूजन का परिणाम। इस कष्टपूर्ण स्थिति में वैश्य द्वय के मन से भी इंद्रियों का नियंत्रण धीरे-धीरे कम होने लगा। उसके स्थान पर पश्चाताप पनपने लगा। मनुष्य की प्रकृति है कि जब कर्म के कष्ट उसकी सहन शक्ति से परे चले जाते हैं, तब वह पश्चाताप का रूप ले ही लेते हैं। इसमें नृप का क्या दोष! वह क्योंकर हमारी बात पर विश्वास करते जब प्रमाण हमारे विरुद्ध थे! उनके स्थान पर हम होते तब भी तो यही करते! हमें कौन सी कमी थी, जो हमने पराई संपत्ति पर निगाह डाली! उन चोरों ने झाड़ियों में जो भी फेंका होता, हमें उससे कोई सरोकार नहीं रखना चाहिए था! अपितु उचित होता कि हम सिपाहियों को उन चोरों के भागने की दिशा बता कर उन्हें पकड़वाने में सहायता करते और इस प्रकार राजा के विश्वासी बन कर अपने व्यापार में अधिक लाभ अर्जित करते!'

'वैश्य बंधुओं के अंदर प्रज्वलित पश्चाताप की अग्नि ने अनजाने ही तरंगे प्रेषित कर नृप चंद्रकेतु को उनकी याद कराई और उनकी स्थिति से अवगत कराया। एक दिन रात्रि में विचारमग्न राजन को सहसा, उनका ध्यान हो आया। उनके कारावास को एक लंबी अवधि व्यतीत हो चुकी थी। राजन ने ध्यान किया कि उनका जुर्म इतना संगीन तो नहीं था, जिसके दंड की अवधि इतनी लंबी हो। साथ ही कारागार के अधिकारियों की ओर से किसी भी प्रकार के अनुचित आचरण का भी कभी कोई समाचार नहीं मिला है, जो सामान्यतः धूर्त और अभ्यस्त अपराधियों में सामान्य बात होती है। वैसे भी वह अपने आप को व्यापारी बताते थे। कहीं मेरे से ही तो भूल नहीं हुई? यदि ऐसा हुआ तो मेरे से यह दुष्कर्म हो गया। प्रातः राजा ने उनको कारागार से बुलाकर एक बार पुनः सत्य को जानने का निर्णय किया और निद्रा को प्राप्त हुए।'

'अगले दिन प्रातः सभागार में पहुंचते ही उन्होंने सिपाहियों को उन दोनों को लाने भेजा। उनसे पुनः उस दिन की घटना का बयान करने के लिए कहा गया। साधु वैश्य ने पूरी घटना अक्षरशः पुनः बता दी। राजन ने महसूस किया कि इनके द्वारा इतने समय बाद भी घटना को बताने में किसी भी प्रकार का परिवर्तन नहीं हुआ है। यह इस बात का प्रमाण है कि इनके कथन में सच्चाई है। राजन बोले, वैश्य बंधुओं, मुझे क्षमा करें। आपकी सही स्थिति का संज्ञान लेने में मुझसे देर और भूल हुई है।

केवल सत्य ही एक ऐसा कथन होता है जो समय व्यतीत होने के बाद भी वैसा का वैसा ही रहता है। असत्य बोलने में मनुष्य को कुछ न कुछ काल्पनिक जोड़ना पड़ता है, समय के साथ जिसको अक्षरशः कंठस्थ कर बिना परिवर्तन के स्मरण रखना संभव न होने से उसमें बदलाव हो जाते हैं। इसीलिए कहा भी गया है कि सत्य के साथ यही लाभ है कि आपको याद नहीं रखना पड़ता कि पिछली बार आपने क्या बोला था। जबकि असत्य के पाँव नहीं होते, अतः वह हमेशा परिवर्तित होता रहता है। मुझे क्षमा करें। मैं इस त्रुटि का प्रायश्चित करना चाहता हूँ। कारागार में भोगे कष्टों के अतिरिक्त भी आपकी अपनी संपत्ति की हानि हुई है तथा आप इतने समय व्यापार न कर पाने के लाभ से भी वंचित रहे हैं। अतः मैं आपको इसकी क्षतिपूर्ति स्वरूप कुछ संपत्ति और मुद्राएं देता हूँ, कृपया स्वीकार करें। इतना कहकर, राजन ने कोषाध्यक्ष के माध्यम से वैश्य के स्वप्न से भी अधिक संपत्ति और मुद्रा देकर उन्हें सम्मान से विदा किया।'

'साधु वैश्य अपने जामाता के साथ प्रसन्नता से वहाँ से चले। उनका अंतर्मन कुछ अधिक ही प्रफुल्लित था। वह अपने जामाता से बोले, 'चलो अंत तो अच्छा ही रहा। कारागार का कष्ट तो सहना पड़ा, किन्तु प्रतिफल में अच्छी मात्रा में संपत्ति और धन प्राप्त हुआ है। कदाचित व्यापार में हमें कितनी आय होती, वह तो नहीं ज्ञात हो सकता, किन्तु हानि होने का भी तो भय बराबर बना ही रहता है। उस युवा वैश्य को अपने ससुर पिता की यह बात सहज और उचित प्रतीत नहीं हुई। कुछ समय पहले तक उनके अंदर केवल एक ही इच्छा थी, कारागार से मुक्ति की। और इस इच्छा में उनके भीतर सत्य की भावना ने धन की लालसा से उच्च स्थान ले लिया था। उनके भीतर अपनी लिप्सा के लिए पश्चाताप था। किन्तु यहाँ तो फिर से लालच और लिप्सा ने स्थान वापस ले लिया था। उसका मानना था, कि धन का इतना अधिक लालच किसी भी दृष्टि से उचित नहीं कहा जा सकता था।'

'उत्फुल्लता से भरे साधु वैश्य नदी मार्ग से अपने घर को चले जाते थे। मार्ग में एक स्थान पर नाविकों ने विश्राम, भोजन इत्यादि के लिए नाव को तट पर लगा कर व्यवस्था प्रारंभ कर दी। वह तट सुनसान था और कुछ ही दूरी पर एक वन था। वैश्य भी तट रेणु पर लेट कर

गुनगुनी धूप में विश्राम करने लगे। उसी समय वहाँ एक दंडी ब्राह्मण पधारे। कुछ भिक्षा की आशा में वह साधु वैश्य के निकट आए और भिक्षा में कुछ अनाज और धन की अभियाचना की। सही कहा गया है, कि लालच में विवेकहीन मनुष्य नेत्रहीन व्यक्ति सरीखा हो जाता है और उसके अंतर्मन की आँखें ही उसे सत्य लगती हैं। यह बात पृथक है कि उसकी अंतरचेतना उतनी विकसित और संवेदनशील नहीं होती जितनी एक नेत्रहीन की होती है। नेत्रहीन व्यक्ति का अंतर्मन उसे सत्य के दर्शन कराता है, जबकि लालच में अंधे व्यक्ति का अंतर्मन भयग्रस्त हो सदा काल्पनिक और मिथ्या दृश्य दिखाता है। इस प्रक्रिया में वह व्यक्ति प्रकट दृश्य की उपेक्षा कर देता है। दंडी स्वामी का प्रकट रूप पूर्णतः एक भिक्षुक ब्राह्मण का था जो अपने यापन के लिए भिक्षाटन पर निकला हो। किन्तु वैश्य को धन के लोभ में ऐसा प्रतीत हुआ कि वन में छिपे किसी तस्कर गिरोह ने अपने ही किसी साथी को उनका भेद लेने भेजा है। अतः साधु वैश्य ने बात बना कर कहा, 'महाराज, हमारे पास धन-संपत्ति कहाँ? हम तो सब गँवा कर अपने घर को जा रहे हैं। यह जो नौका आप देख रहे हैं, इसमें तो लता-पत्र इत्यादि भरे हुए हैं।'

'ब्राह्मण भिक्षुक उनके मिथ्या और असत्य वचन को समझ तो गए परन्तु तथास्तु कहते हुए वहाँ से चल दिए। कुछ ही देर में वहाँ पर कुछ और नावें भी आ खड़ी हुईं थीं। तभी साधु वैश्य का ध्यान तट की ओर गया तो वह त्रुटिवश किसी और नाव को अपना समझ बैठे, जो उन्हें अपनी नाव के अपेक्षाकृत हल्की प्रतीत हुई। उनके कहने पर जामाता ने भी उधर देखा और वह भी वही भूल कर बैठे। जामाता, जो कि अपने ससुर के लालच और असत्य से दुखी थे, बोले, 'पिताश्री, प्रतीत होता है, कि जो ब्राह्मण अभी भिक्षा की याचना से आए थे, वह कोई सिद्ध महात्मा थे। वह आपका असत्य पहचान गए और कदाचित् श्राप दे गए। हमें चल कर उनको ढूँढना चाहिए और उनसे आशीर्वाद प्राप्त करना चाहिए।' जब मनुष्य को हानि होती है, तब उसके बुरे कर्म अंतर से उसको शिक्षा देते हैं। इस स्थिति में वह पश्चाताप को प्राप्त होता है और मन में अपने कर्मों के लिए ग्लानि उत्पन्न होती है। समझदार मनुष्य इन त्रुटियों की पुनरावृत्ति से बचता है किन्तु सांसारिक सुखों, भोगों और

लिप्सा में लिप्त मनुष्य हर बार वही भूल कर जाता है। साधु वैश्य के साथ भी इस प्रकार की स्थिति की पुनरावृत्ति अति शीघ्र हुई थी।'

'दोनों तुरंत ही बिना नाविकों को बताए दंडी स्वामी की खोज में निकल गए। थोड़ी ही दूर पर उन्होंने दंडी भिक्षुक को एक वृक्ष की छाँव में विश्राम करते हुए पाया। आगे बढ़कर दोनों ने उनके चरण पकड़ लिए और अपने व्यवहार के लिए क्षमा याचना करने लगे। विप्र महोदय कुछ भी नहीं समझ पाए और विस्तार से बताने के लिए कहा। पूरी बात सुनने के बाद भिक्षुक महोदय मुस्कुराने लगे, 'हे वैश्य, यह श्राप कुछ नहीं होता, हमारे अंतर का पश्चाताप ही हमें वही स्थिति दिखाने लगता है, जिससे हम भय खाते हैं। कदाचित् आपके साथ भी यही हुआ है। आपने अपनी स्थिति का मिथ्या विवरण दिया, जिसका हम पर तो कोई असर नहीं हुआ, किन्तु आपके अंतर्मन और आत्मा में उस का भय व्याप्त हो गया। आपको अपनी संपत्ति और धन छिन जाने का भय था अतः आपके मन ने उसी के काल्पनिक दृश्य आपको दिखाए। जिसके कारण आप भ्रम की स्थिति को प्राप्त हुए और कदाचित अपनी ही नाव को नहीं पहचान पाए। आप स्मरण कीजिए अपने भूतकाल को, आप संभवतः इसी तरह की स्थिति को पहले भी प्राप्त हुए होंगे। अधिक धन की लालसा मनुष्य के लिए न तो कोई नई बात है और न ही अनुचित। किन्तु उसको अर्जित करने के लिए प्रयास अनुचित नहीं होना चाहिए। यदि परमात्मा ने आपको सक्षम बनाया है कि आप किसी की सहायता कर सकें, कुछ अर्पण कर सकें, तो समय पर यह अवश्य करना चाहिए। अपने को उस कार्य के लिए केवल माध्यम समझना चाहिए, अपनी सक्षमता पर गर्व महसूस करना चाहिए। किन्तु यह गर्व घमंड की स्थिति को प्राप्त नहीं होना चाहिए। इस गर्व से हमारे अंतर में प्रकाश बढ़ना चाहिए। इससे विनयशीलता और नम्रता को उच्चता प्राप्त होनी चाहिए। आप प्रस्थान कीजिए और अपनी सही नाव का पता लगाइए। ईश्वर आपको सद्बुद्धि दे और आपकी खोज को पूर्ण करे।'

'साधु वैश्य जामाता के साथ तुरंत वापस आए। तब तक नाविक लोग भोजन का प्रबंध कर चुके थे और उन्हीं को खोज रहे थे। दूर से ही वैश्य ने संकेत से अपनी नाव के विषय में पूछा। नाविक कुछ समझ तो नहीं पाए

लेकिन अपनी नाव की ओर इशारा किया। नाव पूर्ववत प्रतीत हुई जिससे उन लोगों को सांत्वना आई।'

--- *** ---

14

गृह आगमन और समस्या

'भोजन के उपरान्त जब उन लोगों ने वहाँ से प्रस्थान किया तब दिन काफी शेष था। साधु वैश्य ने नाविकों को आदेश दिया कि हो सके तो आज शाम होने से पहले ही गाँव तट पर पहुँचो। नाविकों ने अपनी पूरी शक्ति का उपयोग किया और तेजी से नाव को खेने लगे। इधर साधु वैश्य घर की वास्तविक स्थिति से अनभिज्ञ थे। उनको आभास होता था कि वहाँ सब हँसी-खुशी होगा। घर का कार्यभार सही प्रकार से नियंत्रण में होगा और प्रबंध भली-भांति हो रहा होगा। उनको अंतर में खुशी हो रही रही थी कि इस बार उन्होंने सामान्य व्यापार के अपेक्षा अधिक धन और संपत्ति पाई थी, जिसे देखकर पत्नी और कन्या अवश्य ही बहुत खुश होंगी।'

'उन्हें यह बिल्कुल भी पता नहीं चल पा रहा था, कि यह खुशी धीरे-धीरे गर्व और गर्व से घमंड में बदलने लगी थी। यह भी ज्ञान उन्हें नहीं आया कि यह संपत्ति उनके परिश्रम या बुद्धि का परिणाम नहीं थी, बल्कि किसी से उसकी अपनी त्रुटि के पश्चाताप के परिणाम स्वरूप मिली थी। इसमें कोई संदेह नहीं कि यह सब उन्हीं की थी और किसी भी न्यायविरुद्ध क्रिया से प्राप्त नहीं हुई थी। किन्तु फिर भी जो अपने परिश्रम से अर्जित न हो, उसका गर्व कैसा? यह गर्व तो घमंड ही कहा

जाएगा! साथ ही वह उसके पार्श्व में छिपे अपने असत्य और लिप्सा को तथा उसके कारण हुए कारागार और वहाँ के कष्ट को पूरी तरह से भूल चुके थे। इसमें भी कुछ अन्यथा नहीं है यदि हम बुरा अतीत भूल जाएं। यह भूलना भी चाहिए। किन्तु इससे प्राप्त शिक्षा तो हमें अवश्य ही याद रखनी चाहिए, ताकि भविष्य में हम उसी तरह की सोच और गतिविधियों से इतर रह सकें। कदाचित यहाँ सब कुछ उलट था। साधु वैश्य न केवल उसको भूले थे, उसकी शिक्षा यहाँ तक कि दंडी स्वामी द्वारा प्रदान सद्बुद्धि को भी भूल गए थे। वह वापस अपने पुराने घमंड और लालच में पूरी तरह जकड़े जा चुके थे।'

'बहरहाल, नाविकों के परिश्रम और लगन से वह शाम होने से पूर्व ही अपने घर से निकट पहुँच गए। नाविकों ने उल्लास से संकेत से उन्हें उनका गाँव दिखाया और हुंकारा लेते हुए दुगुने परिश्रम से नाव खेने लगे। तट पर पहुँच कर, साधु ने नाविकों को घर भेज कर अपने आने का संदेशा भिजवाया और तट पर विश्राम के लिए बैठ गए। उन्होंने विचारा कि अभी थोड़ा दिन बाकी है, तनिक विश्राम के बाद धन-संपत्ति की समुचित व्यवस्था कर घर की ओर प्रस्थान करेंगे।'

'जब संदेशवाहक घर पहुंचा, उस समय संयोग से दोनों महिलायें श्री सत्यनारायण के पूजन में तल्लीन थीं। अपने पति और जामाता के आने का समाचार सुनकर लीलावती का पूजन से ध्यान उचट गया। उसकी पति से मिलने की इच्छा तीव्र हुई और बेटी को पूजन सम्पूर्ण करने का निर्देश देकर वह तुरंत ही तट की ओर रवाना हो गई। यही व्यवहार यदि कन्या ने किया होता तो कदाचित इतना अनुचित न होता। उसका अनुभव और निष्ठा निश्चय ही माता से कम थी। किंतु माता का यह उतावलापन किसी भी नीति से तर्क संगत नहीं था। उनकी चंचलता देख कर पुत्री भी अपने आप को न रोक पाई। माता के निकलते ही वह भी पूजन छोड़ माँ के पीछे पीछे तट की ओर चल दी।'

'यह प्रतीत हुआ कि सत्य के प्रति निष्ठा मात्र कठिनाइयों के दिनों तक सीमित रही। कुछ ही समय में उनके पति घर आने ही वाले थे। फिर इतनी उतावली का कोई स्थान नहीं होना चाहिए था।'

'उधर साधु वैश्य तो तट पर वृक्ष की छाँव में विश्राम कर रहे थे। जामाता नाव की व्यवस्था देखते-देखते, नाव में ही एक शीतल छाँव भरा स्थान देख कर सो रहे। लीलावती पति के पास बैठ उससे बात करने लगी। पीछे से कलावती भी पहुंची, पिता का सत्कार किया, किन्तु उसे पति कहीं दिखाई नहीं दिए। तट पर किसी को भान नहीं था कि वे कहाँ गए। इंद्रियों के अति सक्रिय होने पर मस्तिष्क पूर्ण सचेत होकर कार्य नहीं कर पाता। कन्या रोने लगी और वहाँ उपस्थित लोगों में अव्यवस्था और बेचैनी की स्थिति प्रकट हो गई। कोई समझ नहीं पाया कि क्या हुआ और आखिर जामाता जी किधर गए। पुनः कठिनाई की उपस्थिति में मन में श्रद्धा जगी कि कहीं यह पूजन छोड़ने का प्रभाव तो नहीं। कन्या कलावती वापस घर की ओर भागी। पूजन पूर्ण किया और प्रसाद ले कर तट पर आई, तभी संयोग से उसके पति उठकर, आँख मलते हुए नाव से प्रकट हुए। इसे देख सभी में खुशी की लहर दौड़ गई।'

इतना कह कर श्री सूतजी ने तनिक विश्राम लिया। ऋषिगण तथा अन्य उपस्थित जन बेसब्री से उनकी आगे की व्याख्या की प्रतीक्षा कर रहे थे। थोड़ी ही देर में श्री सूत जी ने गम्भीर आवाज में इस प्रकार कहा, 'इस कथा में हम देखेंगे कि मनुष्य किस प्रकार अपनी इंद्रियों के वश में रहता है, उन्हें ही सर्वोपरि रखता है। कर्मेन्द्रियां पीछे छूट जाती हैं। मोह और लोभ, चाहें वह धन का हो चाहें परिजन का, बढ़ जाता है। यही वह समय होता है जब मस्तिष्क पूरी सजगता से कार्य नहीं कर पाता है। शिथिल हो जाता है। मस्तिष्क में प्रतिक्रियाएं अत्यधिक तीव्र गति से होनी लगती हैं जिससे मनुष्य हड़बड़ी की अवस्था में आ जाता है। ऐसे में जो उसे प्रकट में दिखाई देता है, वह बिना किसी विवेचना और अन्वेषण के उसे ही सही मान लेता है। आसपास की अन्य वस्तुएं और दृश्य गौण हो जाते हैं। अतः अपेक्षित दृश्य यदि सामने न हो तो मस्तिष्क तुरंत ही अनहोनी और अनपेक्षित की संभावना से ग्रसित हो जाता है। यह मानव मन की दुर्बलता है कि उसे सबसे पहले अनिष्ट का विचार आता है, चिंता लग जाती है और मस्तिष्क विभिन्न प्रकार के भयावने परिणामों की परिकल्पना करने लगता है। यह दुर्भाग्य ही कहा जाएगा किंतु यही वह समय होता है जब उसके अंतर में अपने गलत कार्यों के लिए डर उपजता

है, भक्ति जाग जाती है। यदि वह अपनी इंद्रियों पर नियंत्रण रखे, सत्य के साथ रहे तब इस प्रकार की परेशानी से बचा जा सकता है।'

--- *** ---

15

भेद-भाव की वृत्ति

श्री सूत जी ने अपना कथन जारी रखते हुए कहा, 'वैसे तो अभी तक आप सब बुद्धिजन श्री सत्यनारायण के प्रभाव के विषय में सब कुछ समझ ही गए होंगे। तथापि, मैं एक छोटी सी कथा और प्रस्तुत करना चाहता हूँ, जिसमें हमें मनुष्य के अंदर व्याप्त एक और वृत्ति के विषय में सोचने का अवसर प्राप्त होगा।'

सभी ऋषिगण समवेत स्वर में पुकार उठे, 'साधुवाद! साधुवाद! आभार सूत जी महाराज। आपके श्री मुखारविंद से यह सब प्रकरण सुनने से इसका महत्व और बढ़ गया है। हम लोगों का जीवन धन्य हुआ कि स्वयं आपके श्रीमुख से पुराणों का ज्ञान ही नहीं अपितु उनकी विवेचना श्रवण का अवसर उपलब्ध हुआ है। आप जारी रखें।'

व्यास गद्दी पर विराजमान व्यास जी के परम शिष्य श्री सूत जी ने कथा इस प्रकार सुनाई, 'यह कथा राजा तुंगध्वज से संबंधित है। आप लोगों को उनका ज्ञान होगा ही। वह सत्य के प्रेमी थे। प्रजा पालक थे। प्रजा उनके लिए सबसे बढ़कर थी। इतना होते हुए भी एक अवसर ऐसा आया जब उनके अंदर अहंकार विराज गया, मति भ्रष्ट हो गई और उनका आचरण अपनी वास्तविक अभिवृत्ति के अनुसार नहीं रह पाया। इसके परिणाम स्वरूप वह भी मतिभ्रम की स्थिति को प्राप्त हुए और संतुलन न रख पाने से अकारण ही परेशानियों में घिर गए।'

'एक समय की बात थी, राजा तुंगध्वज आखेट के लिए वन में गए और संयोगवश अपने सैनिकों से बिछड़ गए। थके हारे राजन ने एक विशाल वट वृक्ष के नीचे विश्राम करने का मन बनाया और ठहर गए। उन्होंने देखा कि निकट ही कुछ स्थानीय ग्वाल-बाल, ग्रामवासियों और बंधु-बाँधवों के साथ श्री सत्यनारायण का पूजन अर्चन करने में व्यस्त हैं। उस परेशानी के काल में एक बार उनके मन में आया कि उठ कर पूजन स्थल तक जाएं और कम से कम भगवान को प्रणाम तो कर आयें। किन्तु इसी समय उनके मन में अहंकार के मेघ छा गए। उन्होंने विचार किया कि कहाँ मैं राजा और कहाँ यह मेरे प्रदेश के एक छोटे से भाग में रहने वाले सामान्य जनों में भी निचली जाति के गोपगण। यह कदापि उचित नहीं होगा कि मैं इसमें सम्मिलित होऊँ। वह दूसरी ओर पलट कर बैठ गए।'

'थोड़ी देर में पूजन समाप्ति के पश्चात उन गोपकुमारों को ज्ञात हुआ कि निकट ही राजन बैठे हैं। उन्होंने बड़ी ही श्रद्धा और सम्मान के साथ कुछ दोनों में प्रसाद एकत्रित किया और राजन के सन्मुख उपस्थित हो गए। राजा ने अपने अहंकार वश उनका निमंत्रण और प्रसाद अस्वीकार कर दिया। ग्वालों को दुःख तो हुआ, किन्तु अपने राजा के प्रजा पालक होने का विचार आते ही उन्होंने समझा कि राजन अपने सैनिकों से बिछड़ने के कारण विपत्ति और विषाद में हैं। वह उनके समीप ही एक स्थान को साफ कर प्रसाद रख आए, तत्पश्चात् सभी ने प्रसाद ग्रहण किया।'

'कुछ समय में राजा के सैनिक उनकी खोज करते हुए उस स्थान पर आ गए। राजन प्रसाद का पूर्ण तिरस्कार कर उनके साथ अपने महल की ओर लौट चले। तुंगध्वज का आज का व्यवहार उनकी सामान्य चेतना के अनुसार न होने से, उनको जल्दी ही दुःख होने लगा। ग्लानि होने लगी। इसी अवस्था में अनायास ही उनको आभास हुआ कि उनके महल में कुछ अनिष्ट घटा है। परिणाम स्वरूप उनकी समस्त संपत्ति और परिवार नष्ट हो गए हैं। अचानक आए इस विचार से उनकी चेतना वापस लौट आई। प्रभु के प्रसाद का इस प्रकार तिरस्कार उचित नहीं था। सभी मनुष्य इसी संसार का हिस्सा हैं। उसी ईश्वर और शक्ति की संतान

हैं। सबके अंदर वही प्राण और रक्त प्रवाहित होता है। केवल किसी की जाति निम्न मानकर उसका अनादर करना उनको कदापि शोभा नहीं देता था। जाति तो केवल व्यक्ति के कर्म को परिभाषित करनी चाहिए न कि उसके व्यक्तित्व को। इसके आधार पर उनमें भेदभाव किसी भी प्रकार से उचित नहीं कहा जा सकता। यदि उनको यह संदेह भी था, कि कोई शत्रु उनको विष न देदे, तब भी अन्न का तिरस्कार न कर उसे अपने साथ लाना उचित होता और महल पहुँचकर उसकी पूर्णतया जांच कर उसको ग्रहण किया जा सकता था। लेकिन इस विचार को उन्होंने सिर हिला कर नकार दिया। उन्होंने तो उनका निरादर केवल जाति के आधार पर अपने कृत्रिम और मिथ्या अभिमान के वश किया था न कि विष के भय से।'

'इस विचार मंथन से उनकी ग्लानि पश्चाताप में बदल गई। उन्होंने अपने सेनाध्यक्ष को तुरंत वापसी का आदेश दिया। वृक्ष के नजदीक पहुँच कर उन्होंने देखा कि ग्रामवासियों की टोली अपने सामान को समेट कर ग्राम में लौटने को तत्पर थी। इतने में ही उनके मुखिया को राजन द्वारा त्याग दिया गया प्रसाद नजर आ गया और वह पेड़ की ओर चला, क्योंकि अन्न का निरादर वह नहीं करना चाहता था। इतने में ही राजा अपने दल के साथ वहाँ पहुँच गए। राजा ने विनम्रता से अपने व्यवहार के लिए क्षमा मांगी। इसे देखते ही मुखिया ने उनके पाँव पकड़ लिए और उसके नेत्रों से अश्रुधारा बह निकली। वह बोल, 'हे नृप, ऐसा कह कर आप मुझे शर्मिंदा न करें। आप हमारे नाथ हैं और हम आपकी प्रजा। हम लोगों को आप पर गर्व है। आपके राज्य में चहुं ओर शांति और समृद्धि है। हम सब संतुष्ट है। हाँ यदि आपको माफी माँगनी ही है तो आप इन अन्न देवता से या फिर श्री सत्यनारायण से मांगिए।'

'राजन की प्रार्थना पर उसने उपस्थित जनों को रुकने के लिए कहा। राजा ने पूजन स्थल तक जा कर उस परम सत्ता से अपने इस भेदभाव मिश्रित व्यवहार के लिए क्षमा याचना की। तत्पश्चात् उन सभी के साथ बैठ कर प्रसाद ग्रहण किया। इस सब क्रिया से उन्हें असीम संतुष्टि और शांति का एहसास हुआ। तदन्तर वह अपने महल के लिए रवाना हो गए।'

--- *** ---

16

सूत जी द्वारा कथा का विस्तार

श्री सूत जी बोले, 'यहाँ तक श्री सत्यनारायण की कथा, जो कि स्वयं श्री भगवान ने श्रीमुख से देवर्षि नारद जी को सुनाई थी और जिसको श्री व्यास जी ने स्कन्ध पुराण में संचित किया था, पूर्ण होती है। मैंने यथासंभव प्रयास किया है कि मेरा कथा व्याख्यान मूल रूप में ही आप तक पहुंचे और किसी भी प्रकार के कथानक और शब्द विन्यास संबंधित अपभ्रंश से मुक्त रहे। तथापि मैं अपने आप को नियंत्रित नहीं कर पाया और इसमें स्थान-स्थान पर वर्तमान या भविष्य की स्थितियों के अनुसार व्याख्या सम्मिलित कर ली। इसमें मैं कहाँ तक सफल रहा, इसका निर्णय तो मात्र आप श्रोतागण ही कर सकते हैं।'

शौनक जी बोले, 'आप यह कह कर हमें शर्मिंदा मत कीजिए, हे कथा श्रेष्ठ! पुराण व्याख्यान में आप सर्वथा श्रेष्ठ हैं और इस धरा पर कोई अन्य आपके समीप भी नहीं आ सकता। यही कारण है कि श्री व्यासदेव ने आपको इस कार्य के लिए चुना है। आपके व्याख्यान में त्रुटि हम तो क्या कोई भी नहीं पा सकता है। आपके द्वारा की गई व्याख्याएं इसको और रुचिकर बनाने के साथ-साथ समकालीन ज्ञानवर्धन करती हैं। हम सब धन्य हुए।'

पूज्यनीए सूत जी ने मुसकुराते हुए आगे कथन जारी रखते हुए कहा, 'यह आप बुद्धजनों का बड़प्पन है। आप जैसे श्रोता पाना मेरे लिए भी पुण्यों का फल है। जैसा कि आप सब को विदित है, विभिन्न पुराण यद्यपि श्री व्यास जी के मुख से ही अवतरित हुए हैं और उनके आदेश पर प्रथम पूज्य भगवान श्री गणेश जी के शुभ कर कमलों से ही शब्दों में लिखे गए हैं। तथापि वेदों के इतर इनमें समय-समय पर तात्कालिक परिस्थितियों के अनुसार ज्ञानियों द्वारा परिवर्तन भी होते रहे हैं। दूसरी मुख्य बात है कि एक ही कथा को अलग-अलग पुराणों में वर्णित करते समय भी उसमें कुछ भिन्नताएं, असामानताएं, विभेद, मतभेद और व्यतिरेक स्वतः उत्पन्न हो गए हैं। जो स्वाभाविक भी हैं और आपेक्षित भी, क्योंकि स्थान, कुल और काल के अनुसार सोच, विचार, कल्पना और सूझबूझ के साथ-साथ लेखक की शैली का भी प्रभाव पड़ ही जाता है।'

शौनक जी ने स्वीकारोक्ति में कहा, 'व्यास गद्दी पर शोभायमान श्रीमंत सूत जी, यह तो हम जानते हैं कि वेद अटल हैं, अचल हैं, उनमें किसी भी प्रकार का भेद या व्यतिरेक नहीं किया जा सकता। जबकि पुराण व्यास जी के श्री मुख से उद्भव होने के बाद भी स्थान और काल के अनुसार अनुसंधान और संशोधन के विषय बनते रहे हैं। तथापि आपके इन शब्दों का सार समझने में हम असमर्थ हैं। कृपया करके विस्तार से व्याख्या कीजिए जिससे हम इसको समझ सकें।'

सूत जी बोले, 'यहाँ उपस्थित ज्ञानी एवं ध्यानी ऋषि समूह और ऋषियों में ऋषि शौनक जी, आप सब की जिज्ञासु प्रवृत्ति को देखकर ही मैंने इस प्रसंग की चर्चा की है। जब इसका प्रारंभ किया है तब इसका विस्तार किए बिना लक्ष्य कैसे प्राप्त कर सकते हैं। अतः मैं इसका पूरा व्याख्यान कहता हूँ, आप सब ध्यान पूर्वक सुनिए।'

'मैंने आपको कहानी के प्रारंभ में काशी नगरी में निवास करने वाले शतानन्द ब्राह्मण के विषय में अवगत कराया था। उन द्विज महोदय का सौभाग्य था कि उन्हें वृद्ध विप्र के दिव्य स्वरूप में उपस्थित स्वयं श्री विष्णु भगवान के मुख से सत्यनारायण जी की महिमा और पूजन विधान श्रवण करने का पुण्य अवसर प्राप्त हुआ था। उनसे यह व्रत-

विधान काशी और निकट के नगरों में विस्तृत हुआ। तत्पश्चात हमने देखा कि उनसे इस कथा का वर्णन उनके मित्र लकड़हारे को मिला। इसी प्रकार यह गुणित होते हुए समाज में विस्तार पाता गया। इसके आगे हमें पता चला कि यह ज्ञान नृप उल्कामुख से साधु नाम के एक वैश्य को प्राप्त हुआ। इसमें यह व्याख्या भी अदृश्य है कि नृप को इसका ज्ञान कब और कैसे मिला। यहीं 'भविष्य पुराण' में 'स्कन्ध पुराण' से कुछ विभेद प्रस्तुत हो गए। क्योंकि इन विभेदों ने सत्य के प्रभाव के विषय में एक अन्य महत्वपूर्ण व्याख्या भी की है, अतः इनका श्रवण भी अवश्य ही कल्याणकारी होना चाहिए। मैं इन्हें विस्तार से कहता हूँ।'

'भविष्य पुराण में राजा उल्कामुख के स्थान पर राजा चंद्रकेतु का उद्धरण है। नृप चंद्रकेतु भी जितेन्द्रिय, सत्यवादी, प्रजा वत्सल तथा अत्यन्त बुद्धिमान थे। उनका राज्य सब प्रकार से उन्नत और विकसित था। इसी कारण दुश्मनों ने उनके राज्य पर आक्रमण कर दिया। राजा चंद्रकेतु ने पूरे बल, बहादुरी और आत्मविश्वास के साथ दुश्मनों का सामना किया किंतु समय की चाल से अपनी सेना और राज्य गँवा बैठे। शांति के लिए अनुसंधान करते हुए किसी तरह से वह काशी नगरी पहुँच गए। मोक्ष धाम और भगवान शिव की नगरी के आध्यात्मिक और सकारात्मक वातावरण तथा पावन गंगा के शीतल जल में उन्हें असीम शांति प्राप्त हुई।'

'वहाँ उन्हें ज्ञात हुआ श्री सत्यनारायण जी की महिमा के विषय में और उनके महान शिष्य शतानन्द जी के विषय में भी। उन्होंने शतानन्द जी से संपर्क स्थापित कर श्री सत्यनारायण के व्रत और उद्यापन की सम्पूर्ण जानकारी एकत्रित की। तत्पश्चात वह स्वयं भी इस व्रत-विधान को शुद्ध मन से सम्पन्न करने लगे। उनके भीतर सत्य के प्रभाव से सकारात्मक विचार उत्पन्न होने लगे। युद्ध में हारने की ग्लानि पीछे जाने लगी और उसके स्थान पर उत्साह और अपनी प्रजा का स्मरण पुनः स्थापित होने लगा। मन में यह विचार पनपने लगे कि उस दुराचारी राजा के कारण प्रजा कष्टों में होगी और उन्हें स्मरण करती होगी।'

'इस प्रकार के विचारों के बलवती होते रहने से उनके हृदय में अपने राजकीय दायित्वों के प्रति सजगता बढ़ने लगी। उन्होंने अपने राज्य

जा कर उसे वापस पाने का मन बना लिया। काशी में ही उन्होंने कुछ हथियारों को गढ़वाया और अपने देश पहुँच कर प्रजा को एकत्र किया। मनुष्य के अंदर की दृण इच्छाशक्ति से अधिक बलवान कुछ नहीं होता। उन्होंने युद्ध कर अपना राज्य पुनः प्राप्त किया और प्रजा के उपकार हेतु पुनः कार्य में रत हो गए।'

'काशी प्रवास में श्री सत्यनारायण की लौ जो उनके भीतर जागी थी, वह जागृत रही। यहाँ भी वह उसी श्रद्धा और विश्वास से अपनी धर्मपरायण पत्नी के साथ यथा संभव उनका आह्वान कर व्रत पूजन में व्यस्त रहते। ऐसे ही एक दिन वह नदी किनारे के एक मैदान में अपने प्रजा जनों के साथ पूजन में व्यस्त थे, जब साधु वैश्य ने वहाँ प्रवेश किया। इसके आगे की कथा आप लोग पूर्व में ही श्रवण कर चुके हैं।'

इतना कथन कहकर सूत जी ने अपनी वाणी को विराम देते हुए प्रश्न किया, 'यदि हम ध्यान दें तो इस सम्पूर्ण कथा का एक ही सार है, सत्य पर विश्वास और सत्य का आचरण ही सर्वोपरि है।'

ऋषि वृंद ने प्रसन्नता से ओतप्रोत होते हुए समवेत स्वर में कहा, 'हे गुणनिधान, हम धन्य हुए जो हमें आपके श्रीमुख से यह सब वृतांत सुनने का अवसर प्राप्त हुआ। मात्र कथा या वृतांत ही नहीं अपितु उसकी व्यावहारिकता पर भी आपके व्याख्यान महत्वपूर्ण और ज्ञान वर्धन करने वाले हैं। आपका बहुत-बहुत आभार।'

--- *** ---

17

सूत जी ऋषिगण संवाद

श्री सूत जी बोले, 'अब मुझे आदेश दें कि मैं कौन सा प्रसंग आपके सम्मुख उपस्थित करूँ।'

शौनक जी बोले, 'हे नाथ, आपके मुख से सुनते तो हम कभी थक ही नहीं सकते। हम यह भी जानते हैं कि आपके ज्ञान का भंडार अथाह है जो कभी समाप्त नहीं हो सकता। कहा भी गया है, कि ज्ञान ही एकमात्र ऐसी वस्तु है जो बाँटने से उतरोत्तर वृद्धि करती है। किंतु नए प्रसंग पर आने से पूर्व श्री सत्यनारायण जी और सत्य के विषय में हमारे मन में कुछ प्रश्न हैं। यदि आपकी आज्ञा हो तो हम अपनी जिज्ञासाएं प्रस्तुत करें? आपके द्वारा उनका समाधान प्राप्त करना हमारा सौभाग्य होगा।'

श्री सूत जी मुसकुराते हुए बोले, 'हे ऋषि श्रेष्ठ, मुझे प्रसन्नता होगी आपकी किसी भी जिज्ञासा को यदि मैं शांत कर पाया। इससे मानव मात्र का कल्याण ही होगा। आप निःसंकोच प्रस्तुत कीजिए।'

शौनक जी ने इस प्रकार अपनी जिज्ञासा प्रस्तुत की, 'हे सूत जी महाराज, आपने एक ओर श्री सत्यनारायण के विषय में बताया कि किस प्रकार इस कलियुग में उनके ध्यान, आह्वान, पूजन इत्यादि से मानव का कल्याण हो सकता है। तथापि अन्य प्रकार से आपने इसे सत्य के रूप में बताया, जिससे यह प्रतीत होता है कि यह हमारे अंतर की वृत्तियाँ

और इंद्रियों पर हमारे नियंत्रण का ही रूप है। कृपया इस विषय में हमारा मार्गदर्शन करें।'

व्यास गद्दी पर विराजे महाज्ञानी श्री सूत जी हँसे, 'मुझे इस प्रश्न का पूर्व आभास था। संभवतः, मेरे द्वारा व्याख्याएं सम्मिलित करने से यह संभ्रम की स्थिति उत्पन्न हुई है। श्री सत्यनारायण और हमारे अंतर का सत्य कोई दो नहीं, एक ही हैं। इसे आप इस प्रकार समझने का प्रयास करें। केवल परमात्मा या शक्ति ही सत्य हैं। यही सत्य ईश्वर है। हमारे जनक ब्रह्मा जी, पालनकर्ता विष्णु जी और संहारक रुद्र जी हैं। शक्तियां और ऊर्जा के सभी स्रोत इन्हीं के सानिध्य में विराजमान हैं। देवी सरस्वती ज्ञान, विवेक, चेतना के लिए, देवी लक्ष्मी आपकी भौतिक सक्षमता के लिए तथा देवी पार्वती, सती या दुर्गा आपकी सुरक्षा के लिए। इन सबकी सम्मिलित ऊर्जा ही परमात्मा है, जिनका एक छोटा भाग, अर्थात आत्मा हमारे अंतर में व्याप्त है। अतः यह भिन्न कहाँ, यह तो एकाकार हैं। चूंकि पालनकर्ता हर रूप में अग्रणी माना गया है, अतः सत्य ही विष्णु हैं, नारायण हैं। यही हमारा पालन करते हैं, हमारे मनोरथ पूर्ण और सिद्ध करते हैं। साथ ही यही काल हैं और आत्मा को इस योनि चक्र से मुक्त कराकर परमात्मा में विलीन होने का साधन बनते हैं। यही सनातन सत्य है और यही सनातन दर्शन का केन्द्रबिन्दु है।'

'हे मुनीश्वरों, यह हम पर निर्भर करता है कि हम इस सत्य को कब पहचान पाते हैं और कैसे उसको अपने आचरण में उतार पाते हैं। हमारे और सत्य के एकाकार होने की जितनी अधिक आवृत्ती होगी उतना ही हमारा मुक्ति का मार्ग शीघ्रता से प्रशस्त होगा। श्री सत्यनारायण तो एक माध्यम हैं, अपने अंदर सत्य की इस शक्ति को जागृत करने के। कदाचित इसीलिए तो नारायण ने भी श्री नारद के साथ संवाद के अंत में यह ज्ञान दिया कि केवल आह्वान और पूजन से मनवांछित फल प्राप्त नहीं किया जा सकता यदि यजमान के मन में श्रद्धा और भक्ति नहीं है, प्रण नहीं है। यदि सत्य का आचरण नहीं है तो यह पूजन अर्चन सब व्यर्थ है, मिथ्या है। हम इन दोनों को अलग-अलग रखकर देख ही नहीं सकते। यह तो शिव के अर्धनारीश्वर रूप के समान दो पहलू हैं, जिनको पाने का मार्ग अभिन्न है, एकाकार है, एक है।'

ऋषिगण समवेत स्वर में पुकार उठे, 'साधु ! साधु!! आप की इतने सरल ढंग से की गई व्याख्या हमारे कौतूहल और विचारों को पूर्णतया शांत करती है। हम आपके आभारी हैं। हे नाथ, एक और उत्सुकता शेष रहती है। हम यह जानना चाहते हैं, कि कथा में आए पात्रों को श्री सत्यनारायण का सच्चे मन से आह्वान और अपनी चारित्रिक शुद्धता और सत्यता का क्या फल प्राप्त हुआ।'

इस प्रश्न पर श्री सूत जी बोले, 'हे मुनिवर, मैं उन सब के अगले जन्मों के वृतांत आपसे कहता हूँ, आप ध्यान पूर्वक सुनें। सबसे प्रथम शतानन्द नाम के विप्र को भविष्य में सुदामा नामक ब्राह्मण का रूप मिला। आप जानते ही हैं, कि सुदामा जी को श्री कृष्ण सरीखे मित्र मिले, जिनके सनिध्य से उन्हें मुक्ति प्राप्त हुई। श्री शतानन्द जी से ज्ञान प्राप्त करने वाला लकड़हारा भीलों के सरदार के रूप में प्रकट हुआ और गुह नाम से श्री राम से मित्रता कर उनकी सेवा कर मोक्ष को प्राप्त हुआ। महाराज उल्कामुख ने राजा दशरथ के रूप में जन्म लेकर श्री रंगनाथ को पूज कर वैकुंठ प्राप्त किया। साधु नामक वैश्य सत्यव्रत के प्रभाव में राजा मोरध्वज के रूप में अवतरित हुआ और अपनी आधी देह आरे से चीर कर श्री विष्णु को समर्पित कर मोक्ष को प्राप्त हुआ। महाराज तुंगध्वज स्वयंभू मनु हुए और वैकुंठ की यात्रा की। गोपगण बृज के गोप हुए और श्री कृष्ण के संबंध से गोलोक को प्राप्त हुए।'

--- *** ---

18

अंतिम व्याख्या

'इसके साथ ही मैं एक और व्याख्या आपके समक्ष रखता हूँ, जो इस कथा के महत्व और कलियुग में प्रभाव को शालीनता से ग्राह्य करने में सहायक होगी। हमने देखा कि कथा के पात्र भिन्न भिन्न आचरण करने वाले हैं। यही इस संसार का सत्य भी है। कोई भी दो मनुष्य एक दूसरे के अनुसार आचरण नहीं करते और न ही कर सकते हैं। हर मानव की अपनी मौलिकता होती है और हमें इस मौलिकता का सम्मान करना चाहिए। किसी भी मनुष्य के दो रूप होते हैं, उसकी भौतिक उपस्थिति, यानी कि देह, और उसकी आध्यात्मिक शक्ति, यानी कि अंतर में विराजमान आत्मा। इनके अपने लक्षण और विशेषताएं होती हैं। अपने भाव और मनोवृत्तियाँ होती हैं। इसी को हम चेतन मन और अवचेतन मन के रूप में जानते हैं। मनुष्य का कर्म ऐसा होना चाहिए कि वह इन दोनों रूपों में सामंजस्य स्थापित कर पाए। यह कोई आसान कार्य तो नहीं है, किन्तु असंभव भी नहीं है। इस जन्म-जन्मांतर के चक्रव्यूह से बाहर निकलने और मुक्ति का एक यही मार्ग है। यह मार्ग सत्य के मार्ग से ही प्रशस्त हो सकता है। अधिकांशतः हम जो घटता है, उसी को प्रारब्ध या नियति मान लेते हैं। जबकि होना यह चाहिए कि कर्मों के द्वारा प्रारब्ध को घुमाव देकर उसी दिशा में लाने का प्रयास होना चाहिए, जिसे हम अंततः पाना चाहते हैं अर्थात मोक्ष। यही श्री सत्यनारायण की मूल अवधारणा है, केन्द्रबिन्दु है। यही सच्चा प्रारब्ध है।'

'कथा का प्रथम चरित्र शतानन्द नाम का ब्राह्मण वैसे तो सत्य आचरण करने वाला है, किन्तु वह अपनी दरिद्रता के वश में केवल लौकिक संतुष्टि और सुख की तलाश में रहकर आध्यात्मिक पक्ष के सत्य को महत्व नहीं देता है। दूसरा, लकड़हारा तो सत्य के महत्व को जानता ही नहीं और भौतिक कर्मों की आवश्यकता को ही पूर्ण सच मान कर चलता रहता है, जिससे उसके व्यवहार में मैत्री भाव की कमी हो जाती है। वह सब में केवल तिरस्कार का भाव ही देखता है, उसी से भयग्रस्त रहता है, अतः वही पाता है। दूसरी ओर राजा उल्कामुख राज्य के इतने विशाल उत्तरदायित्वों, परिवार में संतान की कमी के बाद भी अपने को सत्याचारण से विमुख नहीं होने देते और परोपकार में संलग्न रहते हैं। साधु वैश्य दैहिक और शारीरिक सुखों को ही अंतिम मानते हैं। बार-बार प्रण से विमुख होते हैं। कष्ट पाते हैं, किन्तु समझते कुछ नहीं। अपनी विदुषी पत्नी की बुद्धिमत्ता से पूर्ण शिक्षा और परामर्श को अनावश्यक उपदेश मानकर अवहेलना कर देते हैं। किन्तु जब यही चेतना एक परिजन के अनिष्ट से परेशान होती है तब जाग जाते हैं। प्रजापालक और न्यायप्रिय राजन तुंगध्वज अपने पद और जाति के मद में ईश्वर के समानता के विचार और सभी मनुष्यों को प्रदान समान भौतिक देह और आध्यात्मिक शक्ति का निरादर करते हैं। इस संसार में यही दो गुण हैं, दो विचारधाराएं हैं। एक शाश्वत सत्य की अवधारणा कि हम यहाँ केवल किसी उद्देश्य से आए हैं किन्तु हैं हम किसी शक्ति के एक भाग मात्र और द्वितीय मिथ्या भ्रम की अवधारणा कि केवल इहलोक ही सत्य है, इसी में प्राप्त सुख हमारे हैं, मृत्यु उपरांत कुछ नहीं है। कलियुग में दूसरी अवधारणा की बहुतायत है। हमें अपने अंदर विराजे इन्हीं दो गुणों में संतुलन बनाना होता है। यही श्री सत्यनारायण जी की अवधारणा का उद्देश्य है। इसी के कारण सभी पात्र अंत में श्री सत्यनारायण के पूजन से मिले ज्ञान के प्रकाश से यह सत्य समझ पाते हैं और इहलोक के साथ-साथ अपना पारलौकिक भविष्य भी संभाल लेते हैं।'

--- *** ---

सत्य की परिभाषा

इस प्रकार यदि हम समझें तो श्री सत्यनारायण और कोई नहीं बस हमारे अंदर विराजमान उस परमात्मा का अंश यानी हमारी आत्मा हैं, प्राण हैं, पृथ्वी पर हमारे होने का उद्देश्य हैं, हमारा व्यक्तित्व हैं अर्थात् हम स्वयं हैं। व्रत, पूजन, आराधना और कथा श्रवण और कुछ नहीं वरन् अपने आंतरिक सत्य को शुद्ध करना है। सत्य महसूस करो, बोलो, आचरण करो। सत्य रहो अपने प्रति, अपने परिवार, समाज, प्रकृति और सृष्टि के प्रति। उस सनातन ऊर्जा और परमात्मा के प्रति। चर-अचर सभी को उनका स्थान और सम्मान प्रदान करो। किसी को भी अपने लाभ के लिए हानि मत दो।

असत्य को छिपाओ नहीं अपितु स्वीकार कर उसका प्रायश्चित करो तथा भविष्य में असत्य से दूर रहने का प्रयास करो।

फिर आखिर यह सत्य क्या है और असत्य क्या है? सत्य वह है, जो किसी के भी सामने जाए तब भी उसी रूप में रहे अर्थात् सनातन रहे, उसमें कुछ छिपाने की जरूरत ना पड़े, वक्ता और श्रोता के अनुसार उसमें कुछ परिवर्तन की जरूरत ना पड़े, कुछ बनाने और जोड़ने की आवश्यकता ना पड़े। कहा भी गया है कि सत्य बोलना और आचरण करना सबसे अधिक आसान कार्य है, क्योंकि इसमें यह ध्यान रखने की आवश्यकता नहीं होती कि पिछली बार क्या बोला था! क्या और कैसा आचरण किया था! अतः यह निर्णय हमें स्वतः करना होता है कि हमारा सत्य क्या है? हमारे आपस के सत्य में अंतर हो सकता है तथापि वह तभी तक सनातन सत्य है जब तक उसमें उपरोक्त विशेषताएँ विद्यमान हैं।

सत्य भूत है, वर्तमान है। जो घटित हो चुका है या घटित हो रहा है, वह सत्य है। किंतु भविष्य केवल पूर्वानुमान है, आभास है, गणना है, अतः सत्य नहीं है। इसलिए भविष्य के आचरण का विचार सत्याचारण नहीं अपितु योजना, परियोजना, कल्पना, चिंता या अनुमान मात्र है, जिसमें समय के साथ परिवर्तन सम्भव हैं। भविष्य को सही मार्ग पर

रखने के लिए कर्म होना चाहिए। इस प्रकार कर्म से नियति और प्रारब्ध को भी प्रभावित और परिवर्तित किया जाना संभव है।

रोमहर्षण जी सूत पुत्र थे इसके बाद भी व्यास जी ने न केवल उन्हें शिष्य स्वीकार किया अपितु उनको पुराणों की व्याख्या करने का आशीर्वाद भी दिया।

साथ ही यह कथा हमें यह भी ज्ञान कराती है, कि सभी मनुष्य समान हैं, पूजनीय हैं। उनमें किसी भी प्रकार का भेदभाव मानव निर्मित है, प्राकृतिक नहीं। कथा इस प्रकार के उदाहरणों से भरपूर है जैसे शौनकादि ऋषिगण रोम हर्षण जी को व्यासगद्दी प्रदान करते है, पूरी श्रद्धा और तन्मयता से उनका श्रवण करते हैं। शतानन्द ब्राह्मण होते हुए भी लकड़िहारे से मित्रता रखते हैं। राजा उल्कामुख के लिए राजा और प्रजा समान है। वैश्य को दंडी स्वामी के साथ और राजा तुंगध्वज को गोपगणों के साथ किए गए भेदभाव बाद में समझ आते हैं। प्रकृति द्वारा प्रदत्त यह समानता का गुण ही सत्य है।

--- *** ---

9 7 9 8 8 8 6 0 6 2 6 4 9